八皖来风

沪上徽商访谈录

李善敏 主编

人民东方出版传媒
东方出版社

图书在版编目（CIP）数据

八皖来风：沪上徽商访谈录 / 李善敏主编；陈烺，王家骏编 . —北京：东方出版社，2024.1
ISBN 978-7-5207-3681-7

Ⅰ . ①八… Ⅱ . ①李… ②陈… ③王… Ⅲ . ①徽商—访问记—上海—现代 Ⅳ . ① K825.38

中国国家版本馆 CIP 数据核字（2023）第 187078 号

八皖来风：沪上徽商访谈录
（BAWAN LAIFENG: HUSHANG HUISHANG FANGTANLU）

主　　编：李善敏
责任编辑：辛春来
出　　版：东方出版社
发　　行：人民东方出版传媒有限公司
地　　址：北京市东城区朝阳门内大街 166 号
邮　　编：100010
印　　刷：北京联兴盛业印刷股份有限公司
版　　次：2024 年 1 月第 1 版
印　　次：2024 年 1 月第 1 次印刷
开　　本：880 毫米 ×1230 毫米　1/32
印　　张：6.5
字　　数：150 千字
书　　号：ISBN 978-7-5207-3681-7
定　　价：48.00 元
发行电话：（010）85924663　85924644　85924641

版权所有，违者必究
如有印装质量问题，我社负责调换，请拨打电话：（010）85924602　85924603

编委会

主　编：李善敏

副主编：陈　烺　王家骏

编　委：徐　进　邵未来　许　涛　寿新宝
　　　　王家华　肖　建　李　骁　徐济长
　　　　羊国荣　汪贵青　黄璐荻

目 录

序 一 // 001

序 二 // 003

002 | 梦想是心灵的种子　可以慢慢长大
　　　——记上海市安徽商会会长、景域驴妈妈集团董事长洪清华

030 | 他被时代眷顾，又不负眷顾
　　　——记上海市安徽商会执行会长、上海肯汀通讯科技有限公司董事长徐章来

048 | 儒商马林的赤子之心
　　　——记上海欧豪年艺术馆馆长马林

076 | 人生不怕　从头再来
　　　——记中国反败为胜榜样人物、企业经营教练、上海实在高餐饮集团董事长、中国达人秀励志达人高逸峰

102 | 自立自强勤奋斗　脚踏实地敢追梦
　　　——记上海市海华永泰律师事务所高级顾问 上海市安徽商会常务副会长许鹏飞

128 | 从"农民工"到"企业家",改变命运靠自己
　　——访上海市安徽商会常务副会长、上海高行建筑集团有限公司董事长徐海进

154 | 人人都有人生出彩机会
　　——记上海森亿医疗科技有限公司创始人、董事长张少典

174 | 乾坤大挪移,升起新世界
　　——记上海先为土木工程有限公司董事长、总经理尹天军

198 | 后　记

序 一

或许是根植于"程朱阙里"的缘故，一说起徽商，总会不由得想起"贾而好儒"的那些陈年旧事，我是肃然起敬的。别具一格的徽商传奇，就这样绵延了数百年。终于，有人誉之曰"徽骆驼"，更是"不肯竞纷华"，我是深以为然的。

新时代的徽商，带着浓厚的家国情怀，成为推动中国经济发展的一支重要力量。他们的"击水中流"，生动地演绎了"弄潮儿"的本色。或矢志创新，在新技术、新能源领域大展身手，向世界展示出不可或缺的中国智慧；或锐意进取，用更多的就业岗位、更新的创富理念，带动更多人摆脱贫困、共奔小康；或挺身而出，在新冠疫情肆虐之时，向四面八方伸出坚实有力的援手；或挥斥方遒，纵横全球商海，在更加辽阔的疆域，擘画着属于中国企业的贸易蓝图……

上海，是长三角经济一体化发展的强大"引擎"。来自八皖的众多企业家喜欢把上海作为续写徽商传奇的"大本营"。据不完全统计，有超过11万家徽商企业立足上海、辐射全国、放眼世界，为实现中华民族伟大复兴的中国梦而不遗余力。

"宁奉法而折阅，不饰智以求赢。"这曾经是"徽骆驼"的孜孜以求，也应是新徽商的身体力行。编辑并出版这本书，就是要倡扬这种挥之不去的商业文化，甚或是"不竞芬华"的人文情怀。8个人，8个故事，只是奋斗者的时代剪影。故事都不是很长，但或多或少都有一些启示。要么有新理念，要么有新赛道，要么有新方法，总有一点是值得与诸君分享的。

　　果如是，足矣！

史支焱
2023 年 7 月

序 二

徽商崛起于皖南，鼎盛于明清，传承数百年，贾而好儒，报效家国，创造了世人瞩目的商业奇迹。

近代以来，在上海外来人口中，涌现出了一大批具有强烈家国情怀的安徽人，如陈独秀、张治中、陶行知、陈延年、陈乔年、赵朴初等，徽商更是在上海的经济发展中承担了重要的角色。2020年第七次全国人口普查统计，在上海常驻外来人口中，安徽人以242.64万人高居榜首，11万家徽商企业立足上海，反哺家乡，贡献着智慧和力量，用徽商精神挺膺担当，厚植家国情怀，涵养进取品格，创造了属于新一代的业绩和荣光。

编辑这本书，着眼于一批沪上新徽商的创业历程，他们在企业成功的路上乐于奉献、回馈社会，在积极投身中国式现代化道路上，既擦亮了徽商名片，传播了徽商声音，展示了徽商高度，也凝聚了徽商力量。本书主要从新徽商、新征程、新使命三个层面展现了8位沪上徽商的创业精神和梦想、企业家担当、耳濡目染的家风家教传承等。

这本书的编者做的是一件卓具意义的事，她把在上海创业有成的新徽商，以及她所承担着的继承和发展徽商传统的历史使命、让徽商的发展轨迹继续延续下去而不致中断的努力记录下来、彰显出来，并传诸后世。

出版这本书，就是总结新徽商在奋斗历程中改变命运的闪光点、在推动高质量发展上闯出的新路子等成功经验，分享给前行路上的奋斗者，宣传新时代徽商所践行的使命，弘扬我国具有优秀历史传统和时代精神的商业文化，对于徽商企业坚定自信，在新时代征程上接续奋斗具有十分重要的意义！

风好正是扬帆时，奋楫逐浪向未来。在以习近平同志为核心的党中央领导下，坚持以习近平新时代中国特色社会主义思想为指导，徽商文化的传承之路将越走越宽广。新徽商必将在传承徽商精神、弘扬时代新风、坚定徽商自信中发挥更大作用，必将为实现中华民族伟大复兴的中国梦凝聚起强大的徽商力量！这本书的价值也在于此，希望以此为起点，记录更多徽商的精彩篇章。

上海市安徽商会

2023 年 7 月

洪清华

安徽安庆人，中共党员，奇创旅游集团董事长、景域驴妈妈集团创始人，上海市政协委员，上海市工商联常委，上海市安徽商会会长，华东师范大学校董。2023年"第六届上海市优秀中国特色社会主义事业建设者"。2022徽商年度创新人物，2021—2022年度上海市工商联优秀会长，2020年上海市劳动模范，新时代新徽商2020年度十大人物，2019年度"旅游思想者"，2018年上海市优秀企业家，2017年中国经济十大影响力人物、上海市十大青年经济人物、上海市领军人才；中国旅游互联网风云人物。

梦想是心灵的种子　可以慢慢长大
——记上海市安徽商会会长、景域驴妈妈集团董事长洪清华

20年，从一家蜗居13平米地下室的小微公司起步，到连续11年位居中国旅游集团20强，位列上海民营企业30强，吸引《人民日报》头版和央视新闻多次报道；担任会长两年半不到，带领商会实现会员数量与质量双双大幅提升，一举通过上海市及全国四好商会评选，受到多界肯定。在这背后，作为掌舵者，上海市安徽商会会长、景域驴妈妈集团董事长洪清华，究竟走过了一条怎样的创业之路，又有着怎样的人格魅力？为很多人所好奇并追问。

上海市驴妈妈科技园区

在实地参观景域驴妈妈集团企业展厅时，我们发现了这样一句格言："我一无所有，但又万事俱备；我向现实猛进，我向梦境追寻——洪清华。"这样的豪迈和自信来自哪里？翻阅、整理洪清华以往企业资料、重要场合演讲与媒体报道，从他在母校华东师范大学 2015 年毕业典礼上的演讲中的一个掌声不断的金句中，也许能窥见答案："我是一个农村来的孩子，没有任何背景，但这个伟大奋进的时代就是我最强大的背景。"

▶ **生活磨砺，一双袜子瞬间改变信仰**

"寒门出贵子"，是中国自古相传的一句教育格言，并成为多数成功人士的背景注释。同样地，风靡全球的畅销书《学习的革命》也描述了环境对成长的重要影响：生活在批评中，就学会了谴责；生活在恐惧中，就学会了忧虑；生活在表扬中，就学会了感激；生活在分享中，就学会了慷慨……

纵观洪清华的读书、创业经历，童年农村生活经历，父亲的独特教导，对其一直都有着很大影响。

洪清华出生于安徽省宿松县一个普通的农村家庭。宿松，位于皖鄂赣三省接合部，大别山的深处。和绝大多数农村孩子一样，洪清华从小没有读书上学的爱好，不知道读书有什么用。在那个"五指绕水"的农业之乡，六七岁的洪清华，就开始下河抓鱼，一天能抓四五斤；带着村里的孩子一起玩耍，占着草堆用弹弓打仗；脑袋灵活，常常当起"总司令"……享受着被放养的童年。

10岁时，洪清华不得不像很多农村男娃一样，过早承担起生活的压力与苦难，充当起家中的半个男成年劳力。七八月份，骄阳似火，面朝黄土背朝天地插起了秧，田里的温度多数时候可达到50℃以上。而夏日恰是雷雨频发的时节，酷热中又搅进了一份闷热，"那是一种洗桑拿洗到人虚脱的感觉"。更为要命的是，稻田里的蚂蟥，如影随形。这种扁平纺锤形的软体动物，长相丑陋，更喜欢悄悄爬到人身上吸血，非常疼痛，是有过乡村生活经历的人最讨厌的生物之一。多少个夏日，等洪清华发现腿上血流不止时，蚂蟥早已没了踪影。

按照弗洛伊德的观点，一个人的童年经历将决定其一生。因为在潜移默化中，贫穷锻造了他的生存力，劳作塑造了他的意志力，苦难磨砺了他的忍耐力，而不起眼的玩耍则练就了领导力。类似的情况，其实，在很多有着农村生活经验的优秀企业家身上都得到了验证。

此时，生活的磨难开始困扰少年洪清华：这样的日子什么时候才是尽头？难道这辈子就干这个事情吗？洪清华开始萌发了对未来的思考，但他不知道出路在哪里，他和村里不上学的小伙伴一样贪玩，从来没把心思放在读书上，因为不知道读书有什么用。

当然也有例外。那就是洪清华特别喜欢语文课。这种喜欢出于偶然，因为语文书中的一篇课文——《广玉兰》。起因很简单，因为村口恰好也有一株广玉兰树。

自从读到了这篇课文后，洪清华就异乎寻常地迷恋这株广玉兰。在高大雄伟的树姿下，循着课文的描写，他真的观察到了课文中透露的一个小小秘密：当玉兰花枯萎凋落之后，它的花蕊却变成了近两寸长的鲜丽的近乎紫红色的颗粒如细珠的圆茎，还毅然独自挺立在枝头！而且还在它的根部又冒出一枝新的嫩芽来，似乎证明洁白的玉兰花虽然花开花落，从生到死，然而它还有一颗红心依然耸立，还在孕育着新芽。

那段时间，洪清华几乎每天都要去向广玉兰报到，淡淡的花香似乎浸润着他的心灵。

对广玉兰的迷恋确实让洪清华的生活有了一些色彩，但并不能改变对未来的茫然，洪清华依旧迷茫。直到有一天，父亲用一双袜子改变了他的信仰。

那一天，父亲回到家中，把正在外面玩耍的洪清华叫到屋里。人的一生中，总有一些片段和画面，会在未来的岁月中被反复想起和回味。时至今日，那天的画面，依然清晰地刻画在洪清华的脑海。

"父亲把鞋一脱，把脚搭在桌子上，我不由自主地把目光投向了父亲的脚。令人触目惊心的是脚上的袜子全部被五个指头戳破了。黝黑的脚趾上长满老茧，又黄又厚，以至于脚趾有些扭曲和变形。它们就这样支棱着，从袜子的破洞中钻了出来，直愣愣地看着我，好像在无声地诉说着一个农民的辛劳和悲哀。"

这一幕，瞬间刺痛了洪清华幼小的心灵。父亲此时开口道：“我这么辛苦，就是为了供你读书上大学啊。只有上了大学，你才能不用像我这样。"

洪清华豁然开朗：原来考上大学，就可以不用顶着烈日干农活儿，就可以不像老爸老妈这样即便天天劳累，依然生活很辛苦，穿着破旧的衣服。读书原来是有这样的魔力啊。

洪清华的聪明劲儿与斗志开始转向上学读书。鱼不抓了，总司令不当了，父亲甚至连做饭农活儿也给他免了。他的学习成绩很快在班上名列前茅。那时洪清华的目标是，一定要考上一所好学校，长大后要买一屋子袜子，让老爸一辈子都穿不完。孝顺的洪清华暗暗发誓。

洪清华如愿考上了当地最好的中学——宿松中学。

能从佐坝乡的初级中学考进全县有名的高中，这在20世纪90年代的广大农村地区，是不得了的大事件。

接到录取通知书的那一天，正是村口那株广玉兰花开的季节，花瓣有手掌心那么大，蜜蜂围绕着飞来飞去。洪清华贪婪地呼吸着荡漾在空气中的幽香。

去县城读书那天，洪清华享受到全家人在村口夹道相送的礼遇，每个人的脸上都神采飞扬。这是朴素的中国人对读书人的敬重，对美好未来即将开始的期待。最为自豪的当然是洪清华的父亲，他挑着被子、大米、一蛇皮袋的杂物，一路陪伴，好像浑身有使不完的劲儿。显然，少年洪清华肩负着全家乃至全村人的希望。

农村孩子进了县城，有点儿像刘姥姥来到了大观园，各种新鲜扑面而来。乡下是没有电影看的，电影院自然成了第一诱惑，洪清华常常晚上偷偷去看电影；舌尖上的美味自然也是魅力难挡，街边小吃就是第二诱惑；处于三省交界便利的地理位置，也成了诱惑洪清华的"祸首"。湖北黄梅的五祖寺、长江中的江边小孤山，还有附近的程集中学、隘口中学，都留下他青春的足迹。当然，少年的自我放飞，也播下了洪清华爱好旅游的初心。他坦承后来创业选择旅游领域，与高中阶段这样的玩耍密不可分。

洪清华在高中阶段也收获了后来难以估量的第一桶金：友情之金。这成为他创业中不可或缺的助推器。

何余节和孟畴，是洪清华高中班上的两个铁哥儿们。洪清华是副班长，何余节是体育委员。而孟畴和洪清华是初中同学，早就认识。更重要的一点是，他们都是从农村出来的孩子，有着更多的共同语言和背景。洪清华当时就有一个想法：三个人以后要在一家单位上班，永远在一起工作。天意眷顾他们，这个梦想竟然实现了。

▶ 才华初现，一封长信决定北上创业

一个人知道自己为什么而活，就可以忍受很多的痛苦和煎熬。事实上，像20世纪末中国广大地区农村的普通孩子一样，考上高中，读完大学，格外崎岖。但也正是在那个时候，一定要上大学的强烈愿望就像一团火焰，在洪清华的胸膛中时刻燃烧着。

1993年，十四届三中全会审议并通过了《中共中央关于建立社会主义市场经济体制若干问题的决定》。这是我国实现从旧经济体制向新经济体制过渡的宏伟蓝图，是指引全党和全国人民不失时机地加快改革、加快发展的行动纲领。

这一年，也是洪清华人生中具有里程碑意义的一年。那年夏天的一个上午，洪清华坐邻居家一辆三轮车去赶集。忽然得知自己被华东师范大学录取，他不顾一切忘情地跳下车，一路狂奔，那是一种被压抑太久的宣泄。的确，从直视父亲破袜子的那一年起，洪清华为这一刻已经等待了很久。

终于要到了和村口那株广玉兰告别的时刻，洪清华依依不舍。

当时能从安徽考上全国重点大学的学生非常少，洪清华学习的专业也同样非常少——华东师范大学体育学院体育运动和心理专业的安徽省籍的学生更少。赴学校报到那天，坐了24小时的长途汽车，半夜1点才到上海。他和姐夫两个人舍不得住旅馆，在学校门口守了一夜。初抵上海滩，大街上车水马龙、霓虹闪烁的繁华景象，令人眩目，更令人亢奋，令洪清华没有一丝倦意。相比之下，曾经让他大开眼界的县城，则显得破旧、狭窄了很多。这种感官震撼带来的直接感受是：一定要奋斗拼搏，在这里留下。洪清华默默立下誓言。

翻越了命运的分水岭，天地豁然开朗。高中书本中看到华东师范大学的校园图片，丽娃河、夏雨岛、毛主席像、图书馆、大操场，此刻就在眼前！大学4年，洪清华如鱼得水，在努力学习专业知识的同时也展现出了自己的商业才华。

深谙父母辛劳的洪清华给自己设定的最初目标是：大学四年，不向家里要一分钱。结果是，毕业时他的银行卡里还多了8万元钱，被同学称为首富。当然，这是他在大学创业的结果。

大一时，洪清华先做小学五六年级孩子的家教，语文数学左右开弓。每小时12元，每周两次，一个月能赚近200元。算下来，大学读书一年近千元生活费全有了着落。

暑假是学生补课的黄金档期。洪清华预测到市场的需求。他果断辞去了家教，转身做起了中介平台，生意好的时候一天就能赚到数百元。

尝到了甜头的洪清华，开始筹划更大发展。第二年，他成功获得了台湾一家日用化学品公司的授权，当起了校园总代理。沟通、发动三十多个师哥师姐一起做，到社区推销当年非常流行的杀虫剂和清香剂。掌握了市场消费心态的洪清华，提前设计一个细节要求：上门推销必须佩戴校徽，更容易赢得居民的好感和信任。一个暑假下来，洪清华成了万元户。

后面，洪清华的校园创业规模越来越大：竞聘了学校青年科技服务中心的总经理，主管校录像厅、舞厅、家教中心等项目，做起了职业经理人。拉来30万元投资在学校建了一个计算机房，这是洪清华校园创业的巅峰。为了建机房，他写了20多页的可行性报告交给学校，并说服一家企业老板。"当时学校的计算机很缺，286都算好的了。我建的机房全部是最新的386机器,这带来了很多生意。"洪清华至今对此津津乐道。此外,他还积极与外界联络,联合上海各高校学生会,组织了"上海大学生模特比赛""雀巢杯大学生英语歌曲比赛"等多项大型活动……

大学期间的洪清华,并没有因为创业耽误了学习。用他自己的话来说,"所有的业余时间不是在图书馆里,就是在打工赚钱的路上"。确实,从班上名列前茅的成绩和毕业前拿到唯一一个直研名额,可见一斑。

回首大学的创业岁月,洪清华表示,特别感谢母校丰富、多元、宽容的校园文化,让他的梦想逐渐长大。2021年,洪清华向母校华东师范大学捐资1000万,助力一流大学建设。

洪清华喜欢读书和看电影。对他影响最大的一本书是被尊称为"全球竞争战略之父"——哈佛商学院教授迈克尔·波特的《竞争战略》,洪清华称这本书是其"成功创业的教科书"。而让他印象最深的电影则是1990年第62届奥斯卡奖最佳外语片《天堂电影院》,确切地讲,是影片中身为电影放映师的父亲对儿子说的一句话——"如果你不出去走走,你就会以为这就是世界",让他印象深刻。

如果说高中阶段的穷游,种下了洪清华未来"做旅游"的初心;那么这部意大利电影中的这句话,则让欲望的种子有了小小的萌发。曾几何时,一个背包,几本书,所有喜欢的歌,一张单程车票,一颗潇洒的心,正是洪清华憧憬的梦想。

西谚有云:当一个人诚心诚意干一件事的时候,连上帝也会为他让路的。在洪清华的追梦路上，机会还真的来了。

2000年，洪清华收到了一封信，写信人是一位本校地理系研究生毕业的学长。在这封长达3000字的信里，学长描绘了旅游行业的美好前景，希望两人一起创业做公司。

原来，一年前也就是1999年，国务院决定将春节、五一、十一的休息时间与前后双休日拼接，从而形成连续7天的黄金周。假日旅游热潮由此席卷全国。2000年五一黄金周，旅游大潮"井喷"，全国各地景区几乎全部刷新了游客接待的最高纪录。

当时，洪清华研究生刚毕业，起步的事业正是航船满帆。洪清华仅仅考虑了一个晚上，就做出决定。事实上那个晚上根本不是用来决断的，因为学长的信早已拨动洪清华大干一番的心弦。洪清华和在复旦大学读研究生的女友定了三年之约——如果他创业小有成就，她毕业后就到北京去；如果没有达到预期，就回上海。

▶ 再次创业，一次演讲逆袭第一桶金

洪清华和学长的联手绝对是天作之合。当时，学长具有宏观视野和旅游学专业优势；洪清华大学时候被誉为"商业鬼才"，视角独特并擅长经营。这样的搭档的确让人看好。

2000年底，北京下了第一场雪。洪清华怀揣8万元从上海坐火车来到北京。创业同样是在一个雪天起步的。在一间13平方米的地下室里，北京达沃斯巅峰旅游景观设计中心成

立了，它后来更名为北京达沃斯巅峰旅游规划设计院。当时公司只有2名员工，学长是董事长，洪清华任董事总经理。而办公室就是宿舍。

凭借着专业和勤奋，公司很快从2个人发展到数百名员工，跻身行业前三。"达沃斯巅峰"成为一家年营收千万元的民营旅游规划公司。而此前，这一领域只有大学和城市规划院等科研机构涉足。

正当洪清华想要进一步扎根北京时，女友研究生毕业，打电话希望洪清华回到上海。她比较了下，还是更喜欢南方的气候与生活格调，两个人有着许多生活记忆。

一边是颇有前途的事业，一边是无法割舍的爱情。这回真的是进退两难了。创业决定，洪清华可以在一个晚上搞定；当事业遭遇爱情，他想了一个星期还是没有结果。犹豫彷徨之下，洪清华索性跑到欧洲旅游去了，他试图在大自然广袤的胸怀中找到答案。

那天，在法国阿尔卑斯山公路的入口处，洪清华看到了这样一个指示牌：慢慢走啊，好好欣赏。此刻，阿尔卑斯山极为丰富的自然禀赋毫无保留地展现在洪清华的面前：壮观的冰川、深邃的峡谷、温润的河流、风情万种的湖泊……他突然觉得，人在大自然面前实在是太渺小了。

"慢慢走啊，好好欣赏"，这句简单的话令洪清华回味无穷。确实，爱情需要好好欣赏，慢慢品尝。创业可以再来，爱情可遇而不可求。遥望着阿尔卑斯山脉最高的勃朗峰，洪清华掏出电话告诉了女友自己的决定。

2004年,洪清华回沪创业。回沪前,他向何余节、孟畴发出邀请。两人二话没说,一个辞职,一个放弃创办的公司,来到了上海。其实,虽然高中毕业后各奔东西,但兄弟三人的联系从来没中断过。创业,也一直是大家共同的梦想。2000年,三兄弟曾相聚上海考察谋划轻资产创业项目,后因洪清华北上而作罢。

三人中,洪清华虽然年龄最小,"但他有丰富的想象力与创造力,组织和号召能力强,具有天然的领导气质"。孟畴、何余节对此一致认同。何余节和孟畴同属水瓶座,但性格迥异:前者性格沉稳,注重细节,办事令人放心;后者豪爽开朗,具备良好的大局观。就性格而言,三人也具有天然的互补性。当然,三个人也都非常吃苦耐劳。

因为有了北京的经历,洪清华仍然将目标定位在旅游行业。2004年1月11日,在沪上一个老旧居民楼里,景域驴妈妈集团旗下第一家公司:上海奇创旅游规划设计机构成立了,主业从事景区的投资规划与设计策划。成立公司的前三天,洪清华什么都没做,他把自己关在办公室里,想到了迈克尔·波特的那本《竞争战略》,想到了这位"全球竞争战略之父"说的那段话:如果一家企业要成为百年老店基业长青,一定要在两点上下功夫:企业文化和愿景。

洪清华首先想了三个问题:奇创的使命、愿景和文化。三天后一切确定。企业使命八个字:"诚信、激情、创新、多赢"；企业愿景则是要做世界上最受人尊重的旅游运营集团；企业文化："三个一：一支军队、一个家庭、一所学校"。这三个问题的解答，奠定了景域驴妈妈集团此后10多年快速发展的基石，至今依然刻在景域驴妈妈集团最显眼的位置。

三个问题是立足长线，短线还得马上拿出真功夫解决公司生存。"奇创"迎来的第一场考试是"成都青城山都江堰旅游规划项目"的竞标。和当年北京创业时情况相似，那时上海的旅游规划公司不多，市场几乎被高校和科研院所垄断。

旅游规划最早起源于20世纪30年代中期的英国、法国和爱尔兰等国，是一门综合性极强的交叉学科。但当时国内的旅游规划更偏向政策性、学术性，在策划的落地与项目后续运营上考虑较少；同时也存在创新创意不足等问题。有几句顺口溜颇能说明彼时的状况：规划规划，纸上画画，墙上挂挂。

在都江堰市委开会的休会间隙，主办方给了奇创5分钟的陈述时间。只有5分钟时间？洪清华却觉得足够了。他开门见山地提出了"资源有限、智慧无穷"的服务理念，一下子吸引了在座人的眼球。随后，洪清华从资源规划到产品规划，从资源禀赋分析、市场需求和竞争分析到开发商分析，既有宏观高度，又不乏微观的操作性。整个演讲一气呵成。

当地领导们为洪清华全新的规划理念和注重实效、塑造吸引力的服务项目所折服，其间不时插话提问互动，这正是洪清华期待的效果。于是，陈述时间从5分钟被拉长到了10分钟、15分钟、20分钟……最后，洪清华竟侃侃而谈了40

分钟。

全场掌声。

2004年3月，奇创成功拿下了"成都青城山都江堰旅游规划项目"的竞标。

机遇只偏爱那种有准备的头脑。洪清华就具备那种头脑。

▶ 跻身十强，一株广玉兰永远伫立心中

因为选择创业旅游，用一句和旅游相关的网红句子来描述洪清华的心境，也许更为恰当——很多事情就像是旅行一样，当你决定要出发的时候，最困难的那部分其实就已经完成了。雪天北上是如此，奇创诞生于上海滩亦是如此。

首战告捷后，奇创就以国际竞标第一名的成绩从一百多家国际国内机构中脱颖而出，赢得三亚市旅游发展总体规划项目，一举打响了奇创在业界的知名度。"全场21票，我们得了18票，中标的意义很大，但更大的意义在于这是一个国际竞标，影响力不一样。"洪清华回忆着当年的场景。

在这个项目中，奇创所提出的"将三亚市打造成国际旅游特区"，在各方努力下延伸成为当下众所周知的将海南岛打造成国际旅游岛的概念；同时在此项目中，团队前瞻性地提出开发海棠湾，打造"国家海岸"。如今，海棠湾已吸引超25家世界顶级酒店品牌进驻！印证了洪总经常说的一句话："好的规划，可以富甲一方。"

随后数年，奇创团队又先后从竞标中获得《吉林省旅游

综合服务区发展规划》《成都市旅游发展总体规划》《青城山都江堰国际旅游度假区概念规划》等众多品牌项目，奠定了在业界的品质和口碑。并通过十八年的稳步发展，成为以创意与运营驱动的文旅综合服务商，为目的地提供"规投建运销"一体化全程服务，至今累计完成3000+品牌项目，足迹遍及全国，也为集团后续的发展奠定了坚实的基础。其中"规投建运销"一体化服务的省级重点项目代表有河南神垕古镇、浙江嘉善大云、江西景德镇高岭中国村、浙江世界乡村旅游小镇、四川巴山大峡谷景区、浙江宁海哩呀罗国际乡村旅游度假区、山东淄博聊斋景区等。

转眼到了2008年，旅游已进入不少中高收入人群的生活。但当时游客对跟团游的同质化有所抱怨。国外的旅游大多以"自助游为主"，洪清华认为，中国市场未来的方向一定也是如此。当时，携程、艺龙已成立近10年，但以商务旅行为主；两年前成立的去哪儿则主攻搜索引擎，尚未有一家企业专注于自助游。

基于多年来对目的地供给端的了解，洪清华看到了发展新契机，他认为"哪里有抱怨，哪里就有商机"。在散客潮和电子商务潮双潮夹击的背景下，2008年，驴妈妈旅游网就此成立，专攻自助游。对此，洪清华自信满满，"从心理学的角度而言，在人类的五大天性中，旅游方式的选择是'独立自主'天性的最好释放。所以，驴妈妈帮助游客自由旅行，这个理念将长盛不衰。同时，驴妈妈的价值在于，让游客以更低的成本，游得更好。"

洪清华自认是门票这种旅游品类的开创者，因为驴妈妈的自助游，切入点就是景区门票，"一个人一张票，也能享受优惠"在驴妈妈的平台上成为现实，并由此迅速打开局面。而奇创与驴妈妈的联动，产生了力量奇妙的化学反应，驴妈妈也由此如虎添翼：2009年，驴妈妈景区门票已经做到了行业第一，用户扩增到200万人，门票流水达到了2亿多。2010年，依托在线门票预订市场优势，通过门票+酒店、门票+交通、门票+X，带领中国在线周边游市场的兴起；2015年OTA平台中率先开创亲子游专属运营品牌，随后创立自驾游专属品牌，2019年行业首创"先游后付"品牌，带领市场进入信用游发展新阶段……

目前，驴妈妈旅游网已是中国知名的综合性旅游网站，白领最喜爱的网站之一，在自助游、亲子游等领域处于领先地位。旗下包括信用游新业态品牌"先游后付"、全新社交视频媒体文旅垂类一站式电商服务平台"飞驴湾"、首创"一家一团"理念最省心出游的"驴途定制"、深受亲子家庭喜爱的"驴悦亲子"、高用户黏性的自驾游品牌"驴色飞扬"、文创伴手礼一站式开发平台"风旅阁"等。通过全国几十家分支机构的深度落地布局，实现线上线下O2O一站式服务。年度服务游客达到8000万人次。

一切皆如所料，也有出乎意料。洪清华看到了驴妈妈的美丽风景，但出乎他意料的是，景域的第三家和第四家公司会来得那么快。当时，有景区端向洪清华大倒苦水，他们每年有一两千万的营销费，因为自己也没数据库，不知道如何更高效做营销活动，更缺少专业团队。

所有的横空出世，都是厚积薄发。言者的无意，让拥有极高景区规划专业度和对游客熟悉度的洪清华又敏锐地意识到：中国三万家景区是一个新的"金矿"。为什么不去帮助景区做营销推广呢？很快，景域旅游发展与景域旅游营销两大公司应时而生。

步入快车道的洪清华"妙手"连发。2013年，洪清华又从12个5A景区里选择了浙江安吉溪龙的万亩白茶园，作为实践其"帐篷客"酒店理念的先行者，景域驴妈妈集团自行规划、设计、投资并运营。虽然"帐篷客"价格不菲，一晚房价从900多元到5000多元不等，但仍异常火爆，甚至引来奥迪、保时捷、Gucci等世界级品牌商的新品发布会。安吉帐篷客酒

黄山关麓帐篷客度假区

店，瞬间成为网红打卡之地，不仅吸引了国家旅游局（2018年国家旅游局与文化部合并成为文化和旅游部）多位主要领导的考察调研，还三次登上《人民日报》、登上央视《焦点访谈》，被称为是一家致力于打造风靡国内、享誉全球的野奢度假连锁酒店的知名品牌。

目前，广西崇左帐篷客度假酒店、安徽天柱山帐篷客度假酒店、合肥金汤湖宿集帐篷客度假酒店、内蒙古兴安盟帐篷客度假酒店等项目都在有序推进。2022年8月20日，黄山关麓帐篷客国际度假区一期项目——关麓帐篷客酒店也举办了首开体验日活动。当天，由安徽省文化和旅游厅、黄山市人民政府主办的"创意黄山 美在徽州 心憩关麓"黄山美好生活季开幕式也在关麓帐篷客成功举办。安徽省副省长王翠凤，中国旅游研究院院长戴斌，黄山市委书记凌云，安徽省政府副秘书长左俊，安徽省文化和旅游厅一级巡视员王云波，黄山市市长孙勇，宣城市市长何淳宽，安徽省驻沪办副主任（主持工作）贺东，及全国旅游名城名市名县及"大黄山"其他地市有关领导；来自泰国、新加坡、葡萄牙等国家旅游局相关代表，长三角地区知名企业家，新闻媒体记者等150余人出席。未开先火。

2016年至2018年，景域驴妈妈集团进入跨越式发展阶段。针对高质量发展要求、消费升级与同质化供给的矛盾，这一年，洪清华在旅游业界首创提出"旅游IP"理念，大力号召打造个性化、特色化、品质化的产品、业态、项目。2016年也被视为景域驴妈妈集团的IP战略元年，打造出了系列优质

IP 项目；连续六年举办"中国旅游 IP 高峰论坛"，每届与会人数过千人，且均为文旅行业主要负责人、高管，引领行业发展风向；每届大会，通过高管、媒体报道影响行业人群近百万。2019 年 4 月 21 日，在中国旅游研究院主办的中国旅游科学年会上，洪清华被授予 2019 年度"旅游思想者"荣誉。该奖项是中国文旅行业最重要荣誉之一，旨在向中国旅游业的创业创新者致敬，感谢他们知行合一，以其前瞻思想、卓越才情和不懈努力，持续提升游客、员工的品质获得感，不断扩大国家旅游业在世界的话语权和影响力。

洪清华在 2018 年第三届中国旅游 IP 高峰论坛上做主题分享

一个深谋远虑的战术家，他的每一步都含有深意。如今，景域驴妈妈集团已是国内领先的旅游线上线下全产业链集团，连续 11 年入选"中国旅游集团 20 强","上海市百强企业""全球独角兽企业""中国互联网百强""中国服务业企业 500 强"等。2019 年起，被上海市政府授牌为"上海贸易型企业总部基地""上海市民营企业总部"企业。

▶ 追寻梦想，更不忘回应社会关切

2020 年初，新冠疫情袭击全球，旅游因为其天然的流动性、聚集性等特点，与餐饮、交通等行业一样，受到严重冲击。作为头部旅游企业，洪清华带领的景域驴妈妈集团，自然也不例外。2020 年 1 月 24 日，文化和旅游部下发通知，要求暂停经营跨省游、出境游等，妥善处理旅游合同纠纷，降低旅行社和旅游者损失。一时间，整个旅游行业处于停摆阶段。

从农历年三十开始，驴妈妈旅游网全员都在加班，一边是大量游客要退票改签，一边是航空公司和酒店的定金拿不回来，驴妈妈垫付的资金高达数十亿。作为集团一把手，洪清华在带头做好公司疫情防控的同时，两部手机基本没停过。睡眠质量一向很高的洪清华，那段时间时常在凌晨突然醒来，思考下一步怎么走。2020 年的春节，可说是文旅人最难忘的节日之一。

管理学大师彼得·德鲁克说，要经历三次以上的危机才能成为伟大企业。面对出行受限的现实，洪清华开始重新思考危机之于企业的意义。"我的信念就是：这个时候不能给党和政府添乱，不能给社会大众添堵，驴妈妈必须积极响应号召，超标准执行政策。"从1月21日起，驴妈妈连续4次升级游客安全保障预案并启动1亿元重大灾害保障基金。同时，旗下景区运营集团及时关闭相关景区，做好安全防范和防疫工作。

随着"抗疫战"进入防控性复工的新阶段，2月开始，景域驴妈妈集团推出一系列知识战"疫"举措，如，基于国内领先的文旅全产业链运营模式，推出的大型公益文旅直播课；联合17家国内外知名文旅集团主办的、以"分享项目成功经验、介绍破局之道"为主旨的中国文旅产业振兴在线大会；以及促成会上云签约总额超171亿、提振文旅同人发展信心的"文旅人在行动"大型网络直播大会。提及此，洪清华指出，疫情将旅游业带入寒冬，但是这一"冬眠期"也正是文旅企业的"闭关期"和"修炼期"，知识抗"疫"对恢复和促进旅游产业振兴发展起到了积极作用。

2020年是我国全面建成小康社会目标实现之年，更是脱贫攻坚收官之年。随着新冠疫情防控进入常态化，党和国家提出保供应、促消费、提振经济复苏等号召。对于云南、四川、贵州、新疆等旅游目的地而言，旅游、农业也是当地重要的支柱产业，疫情影响大，脱贫任务更为艰巨。2019年，在文化和旅游部指导下，驴妈妈旅游网设立旅游扶贫专版，上线5个月，相关各类产品影响游客就近200万人次，订单近3万笔，充分发挥了平台渠道作用，有效助力三区三州脱贫致富。2020年3月起，为助力脱贫攻坚，景域驴妈妈再次充分发挥渠道及会员优势，组织多场全国100位县长文旅公益助农直播大会，帮助打通产品销路、推广旅游风景，助力各地实现从"田头"到"甜头"的转变。其间，近600位县长走进直播间，推广当地支柱产业、产品、旅游资源。如"321旅游好货节"百位县长爱心义卖，超63万人次参加，部分产品直播5分钟订单量破千；4月25日全国百位县长文旅助农直播活动，观看总人次达200万，直播1小时销售额达3058万元。此外，在上海市人民政府合作交流办公室、上海市文化和旅游局等指导与大力支持下，举办上海对口帮扶的云南、新疆、贵州等多个专场助农直播；参与"五五购物节"，主办"上海人游上海——局长带你游上海"专场活动，14个区文旅局长出镜，创造了200多万人次参与的消费盛宴；联合衡山集团推出"5·20"专场直播等。基于景域驴妈妈的渠道及会员优势，帮助贫困县打通了销路，带动了当地旅游土特产销售，让贫困县真正实现了从"田头"到"甜头"的转变。

本来摆手不愿意出镜的县长和局长们，一听是和洪清华搭档，连忙点头，"和老洪一起直播，放心！"的确，洪清华充满热情，表达力强，很适合当主播，每场直播都有几万观众。洪清华和无锡拈花湾的董事长吴国平一起直播时，一个小时就卖了2000多万元的货。

洪清华说："这一场危机让我更加确信，追寻梦想和牢记使命必须相得益彰，一个伟大的企业应当时刻回应社会关切，与党和国家、与人民站在一起，才能成就伟大的事业。"经此一役，洪清华更坚定了"诚信、激情、创新、多赢"的理念，只有成就用户，才能成就自己。景域驴妈妈集团也在"中国第三届资本市场扶贫高峰论坛"上获评"2019年度最佳创新扶贫奖"；2020年12月，洪清华被上海市委市政府授予2020年"上海市劳动模范"荣誉称号。

▶ 家国天下，擦亮徽商在沪名片

2020年，洪清华又多了一重身份。在5月15日上海市安徽商会六届一次理事会上，当选为新一届会长。

上海市安徽商会成立于1992年，是改革开放背景下，由沪皖两地党委政府领导建议，安徽省在外省市成立最早的省级商会，也是上海成立较早的异地省级商会之一，是凝聚安徽在沪400多万奋斗者及20多万家皖籍工商企业的大家园、政企合作之桥梁。长三角一体化上升为国家战略后，沪皖两地沟通互动更为密切，商会也被两地党委政府赋予了更高期待。

徽商特有的勤劳笃实、忍辱负重品格如何传承光大？家国天下的徽商情怀，如何回应新时代需要？商会会员的需求如何更清晰准确地了解？服务会员、建设上海、反哺家乡的商会理念如何落到实处？众所瞩目。一道道题目等待着新会长的解答。

在就职仪式上，洪清华带领会长班子集体宣誓，会长的职务绝不是戴在头上，而是扛在肩上、放在心坎上，"大山在肩而决不卸"！商会确立了"三为"理念，以"四促"为抓手，立足上海，反哺家乡，服务会员。

2020年5月15日,上海市安徽商会六届理事会召开,洪清华当选会长。时任安徽省人民政府副省长王翠凤为会长洪清华颁牌。

　　换届以来,在洪清华会长带领下,商会累计开创各类活动品牌十多项,举办活动近500场,服务会员创新发展,在沪皖两地引发强烈反响。如"会长会员互动学习日""徽商说""徽商读书会"等品牌活动,由会长、执行会长带队,增强会员间交流、赋能;开创"徽商大讲堂""私董会""徽商夜读"等品牌活动,邀请多领域知名专家教授、科研人员、企业家专项授课;"徽商诗词会""徽商红歌会"等传承、弘扬优秀传统文化与红色文化,增强文化自信;"小小徽商"等品牌活动,关注企业家下一代的培养、教育、成长。积极响应长三角一体化国家战略及安徽省"双招双引"工作,带领企业家走进安徽池州、宣城、黄山、滁州、安庆、合肥、六安、淮南、蚌埠等多个地级市，与当地市委市政府主要领导举行座谈会，与其中七个地市市政府签署合作协议，并促成了一批合作；与上海市宝山区政府、上海市松江区政府签署战略合作协议，并促成一批重要合作；与上海农商银行、浦发银行、中国银行、宁波银行等沪上近二十家银行保持频繁互动，其中与五家银行签约授信金额就已达到750亿元，为会员高质量发展提供金融输血赋能。

2022年的春天，一场突如其来的疫情，使上海按下了"暂停键"。坚持为党和政府解忧、为人民群众纾困，上海市安徽商会以"徽骆驼"之名，成为"大上海"保卫战中的一道靓丽风景。4月9日，为响应上海市委市政府、安徽省委省政府号召，洪清华带领商会第一时间推出"徽骆驼"物资急助行动。联动安徽多地党委政府与爱心企业，构筑有速度、有力度、有温度的守"沪"联盟。其间，不惧疫情危险，会长班子坚持奋斗在一线，276名"徽骆驼"志愿者投入这场战斗，36天内向60000多户物资缺乏者，派送了35万件生活物资，包括50家敬老院、10余所大学、20家工厂工地、浦东新区残联33家单位……"徽骆驼"志愿者们每天白加黑连轴转地工作，工作16个小时左右。上海市民政局、阜阳市委市政府、崇明公安分局长兴岛派出所等纷纷发来感谢信；新华社、中新社、新民晚报、解放日报、安徽日报、安徽电视台等超百家媒体进行了报道。

5月底，洪清华再次带领商会成立了"徽骆驼"助农支援队，一周内帮助浦东新区6个镇、10个村的4家合作社、25

家瓜农，基本解决了因疫情而滞销的西瓜难题；并带动一批第三方企业、社会力量参与到助农中去，受到了上海市工商联、新民晚报、文汇报等肯定与报道。

洪清华说，历史上，在徽商的形成和壮大中，"徽骆驼"精神起到了关键性的作用。新时代，商会更需要这样一种不畏艰难、审时度势、同舟共济、虽富犹朴的精神。希望以此指引，通过商会系列行动，持续擦亮沪上徽商名片。

身处文旅领域，洪清华阅览风景无数，但他最钟情的还是世界七大自然景观之一——澳大利亚的大堡礁。大堡礁是由直径只有几毫米的珊瑚虫营造，诞生于4.7亿年前古生代奥

2023年5月24日下午，上海市促进民营经济高质量发展大会暨第六届上海市优秀中国特色社会主义事业建设表彰大会隆重召开。洪清华被授予"第六届上海市优秀中国特色社会主义事业建设者"荣誉。

陶纪中期的腔肠动物，尸体腐烂以后，剩下"骨骼"成了大海中若隐若现、熠熠生辉的珊瑚礁。

最微小最柔弱的珊瑚虫，创造出了伟大的自然奇迹。

"我愿意做一枚不起眼的珊瑚虫，用身体堆出岛礁；用生命的一个个片段，来推动旅游业一点点进步。现在，也希望通过自己及伙伴的一次次努力，为重振历史上徽商的辉煌，为沪皖两地发展，做出一些贡献。"洪清华充满诗意地描绘着自己的理念和未来。

也许，在这个时刻，洪清华仿佛又闻到了家乡那株广玉兰的幽香气息，想到了那些挺立在枝头上不断冒出新芽的红心——那种无比旺盛的生命力。

徐章来

1974年出生，安徽安庆人，中共党员，毕业于合肥工业大学计算机与信息学院。上海肯汀科技（集团）有限公司创始人、董事长，上海市安徽商会执行会长，合肥工业大学上海校友会副会长，新沪商联合会常务副会长，曾任上海贝尔阿尔卡特江西分公司总经理。2021年获上海临港松江科技城"杰出新锐人物"、中共松江区新桥镇委员会、松江区新桥镇人民政府"优秀企业"、安徽日报报业集团"十大徽商精英"、合肥工业大学"企业家先进贡献奖"，2022年获上海市松江区经济委员会"松江区专精特新企业"。

他被时代眷顾，又不负眷顾
——记上海市安徽商会执行会长、上海肯汀通讯科技有限公司董事长徐章来

位于 G60 科创云廊的肯汀集团上海总部

时代的浪花落在个人头上，有人被吞噬，有人被送上风口浪尖，北宋宰相吕蒙正云："马有千里之行，无人不能自往；人有凌云之志，非运不能腾达。"

作为在上海的安徽企业家的杰出代表之一，徐章来的另外一个身份是上海市安徽商会执行会长，谈起创业的这 17 年，他认为："自己是被命运眷顾的人"。

▶ 逆袭：从叛逆学生到优秀毕业生

徐章来生长于安徽省安庆地区西南部和长江北岸的一个小县城。县城境内遍布大小湖泊，故得名大湖。据传"大"字的发音与当地方言"太"字读音一样，故误读为"太湖"，太湖县由此得名。

建县于南朝的太湖县，可谓历史悠久，人杰地灵，著名的诗人、作家、书法家、佛学家、社会活动家以及伟大的爱国主义者赵朴初就是太湖县的代表人物。

上有四个姐姐的徐章来，是家中唯一的男孩，他自幼聪明伶俐，从小深受父母和姐姐们的宠爱，在乐观、自信的家庭教育氛围下过童年时光，随着青春期的到来，徐章来也进入了叛逆期。

徐家家教异常严格，做错一件事后面壁三小时、默诵十遍《弟子规》是惩罚的常规动作。这样的家庭，最为尊崇的是品行和学业。徐章来的学习成绩长期徘徊在中下游之列，而这无疑成为父亲的最大忧虑。

初中毕业的那年暑假，面对贪玩而学业不佳的徐章来，面对这个怒其不争、辜负了全家期望的儿子，父亲一气之下，把他送到了附近工厂做临时工。

太湖县县城西北面，是重峦叠嶂的大别山余脉，海拔在800米以上的山峰16座，具有石英石、瓷土、高岭土等丰富的矿产资源。

徐章来做临时工的正是一家加工土石的水泥厂。水泥厂四周的扬尘铺天盖地，来往车辆像泥猴一般穿梭其中，血肉之躯的工人更是浑身上下被尘土包裹。

临时工的徐章来也不例外，每天有拉不完的石头、沙子和煤，手上起泡，脚底生茧，嘴里吃灰，苦不堪言的"打工"生活，渐渐地让他有了自暴自弃的念头。

徐章来说，他的一生中有许多恩人，但唯有一人最是难忘，此人便是徐章来父亲的挚友王福超。

王福超和徐父有着数十年的交情，无话不谈，堪称管鲍之交。

深谙徐父此举之意的王福超眼见徐章来有了破罐子破摔的迹象，心急如焚的他劝说徐父不能一意孤行，深知挚友对儿子的期待，他直言徐章来的前程还是"惟有读书高"。

徐父有些进退两难。本意他是想让徐章来通过在水泥厂的历练，体会生活的不易和人生的艰难，没想到反而让孩子有了自暴自弃的想法。

王福超穿梭于父子之间。在他的循循善诱之下，徐章来似乎也有点迷途知返，"那段时间，我每天辛苦做工，吃了不少苦头，渐渐理解了父亲恨铁不成钢的心情。"

如果说王福超的疏导劝说是柔，那么另外一种神经刺激则是刚，那就是许多初中同学都考上了高中。平日里抬头不见低头见的小伙伴一下子似乎都比自己有了出息，这让好强的徐章来非常羞愧。

正在此时，王福超恰到好处地出现了，心里正憋着"自己艰辛做工"和"同学考上高中"两肚子气的徐章来，在这样刚柔相济的作用力下，向父亲道出了"我要读书"的心声。

徐父窃喜，正中下怀。

1991年9月，徐章来成为太湖二中那一届最后报到的学生。

徐章来特别珍惜这次来之不易的机会，并在高一的日记中发出了"我要考大学"的呐喊。

相比临时工，"做一名学生实在是太幸福了"，徐章来后来回忆说，"在高中的那段时间，我整天三点一线：教室——宿舍——食堂，除了读书还是读书，作为刻苦的代价，眼睛也近视了300多度。"

1994年高考揭榜，徐章来被省内名校合肥工业大学应用电子专业录取。

那一年，太湖二中仅有7名同学考上大学，徐章来及第登科，其中物理等学科成绩全校第一。

如果说，"被命运眷顾"是徐章来的自谦之词，那么"挫折里藏着成长的密码"，一定是对其人生更为客观的描述。

▶ 挑战：心怀梦想，只身闯荡上海滩

其实，命运的最大眷顾，无疑是时代的眷顾。

让徐章来最感恩的，正是身逢其时。

1992年，邓小平同志南方谈话，带来了神州大地一次思想大解放，由此拉开了我国市场经济改革的序幕。

1993年，中共十四届三中全会通过了《中共中央关于建立社会主义市场经济体制若干问题的决定》，这是一个实现从旧经济体制向新经济体制过渡的宏伟蓝图。

站在这幅宏伟蓝图上的每一个人，都是被时代眷顾的人。而被时代眷顾，又不负眷顾的人，才会抵达成功的彼岸。

而1994年进入合肥工业大学读书的徐章来，赶上了一个好时代。

说到合肥工业大学，它是教育部直属全国重点大学和全省唯二的211大学，更加幸运的是，徐章来在合肥工业大学攻读的是计算机专业。而他求学的四年，正是全球飞速步入信息化时代的四年——

1995年，微软公司正式向全世界推出了划时代的Windows95操作系统；

1996年，有史以来最为卓越的编程语言Java诞生；

1997年，超级计算机"深蓝"第一次战胜了国际象棋特级大师卡斯帕洛夫；

1998年，美国首次实现了能从地球的任何地点进行连接的服务；

……

徐章来从最开始学习C语言，到后来学习Java语言、万物皆对象，还有算法、数据结构等，这些旁人眼里的"天书"，在他的世界里是那样的有滋有味。

"那时的我并不知道,一个发生巨变的互联网时代已经来临,我甚至不知道1995年被称为中国互联网商业元年,我只是碰巧身临其境而已。"20多年后,徐章来如此直言。

但无论如何,计算机专业的学习,给徐章来的视野和思路带来了不一般的拓展。

一个时代的鼎革关头总是充盈着机遇、挑战、躁动与叛逆,反映时代风貌最集中的便是大学,而20世纪90年代的大学校园到处是无法安放的青春。

四年象牙塔里的寒窗苦读生涯即将结束,青春即将散场,有的人继续深造,有的人渴望出国,有的人迫不及待地踏上社会。

优秀毕业生徐章来面临多个选项,其中最具代表性的有两个,一个是政府部门,另一个是国有企业。

出乎所有人的意料,徐章来放弃了所有的选项,放弃了众人眼里的香饽饽,只身闯荡上海滩。

少年心事当拏云。"上海是一个国际化大都市,我渴望来到这里接受历练和挑战","我来到了一个能创造梦想的地方",徐章来说。

凭借扎实的专业知识和真诚勤劳,徐章来顺利进入了上海贝尔·阿尔卡特移动通信系统有限公司。

创始于1898年的阿尔卡特,是全球通信行业的一艘巨型航母,在中国公共通信设备市场上占据了极大份额。这里人才济济,担任技术员的徐章来并不显山露水。竞争激烈的环境,反而激发了徐章来的斗志和创新思维。渐渐地,他的工作态度和技术能力在同事中赢得了认可。

正当徐章来站稳脚跟、准备大显身手之时,领导有一天找到他说,准备安排其转岗销售。

对于做技术的人来说,做销售几乎是隔行如隔山。

面对突如其来的变化,徐章来有点茫然了。像许多技术员一样,之前一直专注于跟机器打交道,人际圈子都是跟技术相关。而如今要去做与人沟通、商务上应酬等事情,相当于又站在一个零基础的起点上。徐章来顿时感觉"自己好像是走进了一个黑夜中的森林"。

事实上,领导并非乱点鸳鸯谱。因为上海贝尔·阿尔卡特的销售是技术型销售,所以技术出身的徐章来具备了对产品知根知底、对技术足够专业等优势。

尽管带着种种疑问和不自信,不服输的徐章来还是一口应承了下来。闯荡上海滩,不就是来接受挑战的吗?他也想试一试自己的潜能。

那段时间,徐章来每天不是在出差,就是在出差的路上,有时连续两个月在外奔波。在吃过无数"闭门羹"之后,徐章来的人际公关能力慢慢地显现了出来。三个月后,他终于迎来了自己销售生涯的第一单。

▶ **意外:销售生涯成了起飞的前奏**

很多时候,我们并不是没有机会成功,而是不去认同那是一个机会。

没有人知道，包括徐章来自己，技术转行销售，是其人生又一次起飞的前奏。

转岗一段时间后，徐章来很快悟出一个规律，那就是第一印象至关重要。

其实，这是美国心理学家洛钦斯首先提出的首因效应，指交往双方形成的第一次印象对今后交往关系的影响，也即是先入为主带来的效果。

徐章来本来就喜欢琢磨和思考，与客户的面谈中，展现出绝对的诚心和真意，是建立信任度的绝佳方法，这种信任度对于后期项目的沟通和合作非常重要，或许正是因为这样一种态度，才赢来了客户对销售真诚的认可和更长久的合作。

徐章来与其他销售人员有所不同，有些人，过分注重眼前所得，忽略了真诚地帮助客户解决问题的初衷，而徐章来却始终把目光投向未来。短线的爆发力固然重要，赢得长距离的马拉松才能真正笑到最后。

在这样专业性要求很高的行业做销售，除了本身的技术经验，更关键的是要懂人性和人心。

曾有客户表示，徐章来是他见过的唯一一个没有销售痕迹的销售。于是乎，徐章来开始在销售岗位上如鱼得水。

知人善任的高管把徐章来派到了安徽分公司开拓业务，回到故乡的徐章来愈发游刃有余。

在家乡，拥有天时地利人和的徐章来拿下了令人羡慕的一单。也让徐章来在安徽为公司开拓出一片新天地，也得到管理层的欣赏和认可。不拘一格降人才，几年后，徐章来被破格晋升。

那时，在行业内稳步上升的徐章来，也即将步入30岁。

在多数中国人眼中，30岁是青年与中年的界限，而孔子的那句三十而立，更像是标注了人生的一个分水岭。

三十而立的徐章来决定开启一段人生的新旅程，"我开始考虑做一份属于自己的事业。"2005年，徐章来决然辞职，创立了上海肯汀通讯科技有限公司，致力于为移动通信网络提供行业应用产品、解决方案及工程技术服务。

告别相对安稳的舒适区，去走一条充满迷雾、有着诸多风险和未知的路，在许多人眼里充满不解，其中也包括徐章来的父母。

这一年，正是徐章来在阿尔卡特的第七年。又正值而立之年，他选择创业，但创业之路，困难重重，尤其是在起步阶段。徐章来选择了更适合自己的代工（生产）模式，这样做的最大好处是借帆出海，以最稳妥的方式先站稳脚跟。

有了代工的产品只是迈出了第一步，找到订单才是根本。创业初期公司没有团队，徐章来咬牙一人打拼，奔波于上海、安徽、江西等地，找寻业务机会。

"刚刚开始的三个月，没有接到一个订单，资金链面临极大压力，终于接到了一个800万元的大订单，这是我创业以来的第一个大单，公司好像从ICU（重症监护病房）中起死回生。"

回首那段峥嵘岁月，徐章来感慨万千。

▶ 重生：淬炼中收获复活的灵魂

从零起步的肯汀通讯，走出了沼泽地，业务走向了正轨，也有了专业化的团队。

依靠灵活的商业运营模式、踏实的脚步和平静的心态，肯汀通讯稳健地度过了创业公司的三年生命危机门槛：每年以稳健的速度增长，甚至在江西客户的一次评比中，肯汀与诺基亚并列第一名。

"因为当时的市场尚处于启蒙阶段，我们的利润率相对比较高，年轻的我天真地认为所有事情都无比顺利，我开始想把肯汀做成上市公司，做成中国的 IBM，就是从来没有想过自己是赶上了中国通信行业的风口。"十多年后的徐章来如此反思。

确实，肯汀通讯在短时间内迎来腾飞，得益于两大背景，一是徐章来从事销售的那些扎根岁月，二是刚好搭上了中国通信行业这辆飞驰的时代列车。

前者不必赘述，单说这辆时代列车，用信息产业部的官方表述是，这一时期正是中国"传统通信与新通信的分水岭"。小米的 CEO 雷军曾言：创业，就是要找到风口，赶到风口上，猪也会飞。

毫无疑问，这一时期的肯汀通讯，无比幸运。

2006 年 2 月，徐章来盼望已久的儿子出生了。家庭事业的双丰收，让徐章来意气风发，然而，随着事业上的做大做强，徐章来反而陷入了迷茫，一度找不到前进的目标。

不久，按部就班的工作流程，趋于安定的生活现状……迷失的徐章来感觉自己的生活已经走到了一个瓶颈，他不知道自己的内心真正想要做什么？他在寻找一个出口，重新找到了生命的方向。

因为在业务创新上的停滞不前，"肯汀"被竞争对手赶超，员工出现离职潮，公司业务发展走到十字路口。

为了改变自己的一些思路，从新的角度去考虑未来的发展轨迹，在朋友的推荐下，徐章来通过正规的心理训练咨询方法，以及丰富的内在心灵净化、外在力量激发的课程，让自己成长为一个"富而有爱的开悟者"。

系统的学习，让徐章来在这一片"心灵之海"中，看到了从未见过的人生，除此之外，他还接触到了专注生命本质的台湾心灵导师王婷莹；擅长个人职业发展的美国教育家博恩·崔西；研究亲密关系的加拿大世界知名心理治疗师克里斯托弗·孟；创立知见心理学的美国恰克和南希博士夫妇……

两年中，徐章来的足迹遍布北京、杭州、厦门、三亚、贵州……他在经历和寻觅。

2008年5月12日的汶川地震是徐章来人生的又一个转折点。这次新中国成立以来破坏性最强的地震，也震醒了徐章来沉睡的内心。

第二天，徐章来就在公司倡议每一个人为灾区捐款，当他看到那些刚毕业或毕业不久的年轻人慷慨解囊时，瞬间被感动了，他不想辜负这些年轻人的期待。

2008年的7月，是一个黎明前的黑色之月，用徐章来的话"是我成长中最郁闷的一个月，办什么事情都不顺利"。

那个月是一个招标大月，按理说是"肯汀"宏图大展的天赐良机，但却遗憾地收获寥寥，业绩惨淡。就连江西分公司也出现连连丢标的现象，有些项目还因为客户单方面改变供货商而有始无终。

徐章来一声叹息，"人倒霉了喝口凉水都塞牙"。这次打击令他"很是心痛，总想一个人静静地走在东湖边"。

好在经历了黑色七月后，痛定思痛的徐章来满血归来。

2008年8月1日早晨8点，徐章来在博客中写道："今天我起得很早，好像又回到了从前，精力格外地充沛。我很早就来到了办公室。从现在开始，我将在事业上全力以赴。既然我创办了肯汀，更有这个责任让肯汀茁壮成长。"

"肯汀的明天一定会更好"，这是徐章来的回归宣言。

▶ **回归：再一次来到梦开始的地方**

这是徐章来回归之路的开始。在这里，我们不能不提到一首歌，一首被徐章来称为"唤醒我的灵魂"的歌。

音乐，在某些时候，可以在第一时间让人们回到最真实、最简单的状态。

徐章来的回归之歌正是汪峰演唱的，2005年电视剧《北京青年》的插曲——《我想要怒放的生命》。

曾经多少次跌倒在路上 / 曾经多少次折断过翅膀

如今我已不再感到彷徨 / 我想超越这平凡的生活

我想要怒放的生命

就像飞翔在辽阔天空 / 就像穿行在无边的旷野

拥有挣脱一切的力量

曾经多少次失去了方向 / 曾经多少次扑灭了梦想

如今我已不再感到迷茫 / 我要我的生命得到解放

我想要怒放的生命

……

如今相隔多年，但这首歌的歌词和旋律却早已刻进了徐章来的骨子里，其精神也融入了他的血液里，"我想我这一辈子，也不会忘记"，徐章来透着自信的微笑，"怒放的生命，就是你拼尽全力来绽放自己，就是你永不放弃来成就自己，就是你用坚定的信仰来升华自己。"

回归的徐章来，就像纪伯伦所说的那样，如果有一天，你不再寻找爱情，只是去爱；你不再渴望成功，只是去做；你不再追求成长，只是去修；一切才是真正的开始！

这也正是"肯汀"涅槃重生的开始。

2018年，是徐章来回归的第十个年头。

十年磨一剑，霜刃未曾试。这一年的金色之秋，"肯汀"迎来了亮剑时刻，舞台则是被誉为"人工智能奥林匹克盛会"

的首届世界人工智能大会。

在这场世界级的大会期间，上海电信 5G 网络的运行及测试保障工作，正是由肯汀通讯协同负责。

首届世界人工智能大会，肯汀通讯锋芒出鞘。

如今，经过多年沉淀和磨砺，公司已发展至 500 余人，肯汀通讯集研发、生产、销售及服务于一体，业务覆盖全国，在上海、安徽、江西、浙江、河南、贵州等地建有分公司及办事处，并与通信设备厂商、广电、铁路总公司等客户建立了长期战略合作关系。

"'肯汀'的最终目标是成为中国乃至世界的一流企业。"

出此豪言，徐章来的底气来自何方？

在这里，我们不得不提及 2020 年 12 月 28 日这一天，这是肯汀通讯乔迁松江 G60 科创走廊之日。

2005 年 7 月 11 日，肯汀通讯在松江登记成立；整整 15 年后，"肯汀"重回梦开始的地方。

钟表回到原点，但已不再是昨天；"肯汀"重回松江，也已不再是简单的轮回。

肯汀通讯搬迁的新址是松江 G60 科创走廊，作为上海临港松江科技城的重点项目，是上海主城区与长三角地区的桥梁，也是城市形象的新亮点，更是高端产业聚集的新高地。

这是一个国家级的长三角区域一体化建设的宏大规划，它确定了以上海为中心依托，辐射带动长三角地区高质量发展；以上海临港等地区为中国（上海）自由贸易试验区新片区，打造与国际通行规则相衔接、更具国际市场影响力和竞争力的特殊经济功能区。

"肯汀",再次来到了一个新时代的风口浪尖;回归,为"肯汀"加快融入到长三角区域一体化建设如虎添翼。

肯汀集团携手新沪商走进 G60 科创走廊发展论谈

落子科创云廊,绝非一时的心血来潮,而是徐章来谋划许久的一步妙手。在这一年,"肯汀"不仅完成了集团改制,业务领域也正式划分为肯汀通讯、肯汀智能、肯汀资本、肯汀信息和肯汀国际;而且更是在数字化业务转型层面中,集中发展肯汀智能化产业项目建设,并涉及国家新基建多个业务范畴,深耕智慧城市、人工智能、大数据、5G+新基建、工业互联网等领域。

G60科创走廊,长三角区域一体化建设的宏图,迎来了徐章来和"肯汀"执着梦想的脚步,他们渴望一次质的飞跃,渴望不负新时代的眷顾。

"做企业也是要讲究一种生命状态,既需要创业中坚定的信念和极强的意志力,也需要成功后的感恩和社会责任。所有这一切,都归结于做好自己,顺其自然。其中,提升自己的实力永远是保持自身根基和企业成功的头等大事。"这是徐章来生活的座右铭,也是他的人生和企业理念。

也许,在历经了多年的坎坷和挫折后,徐章来才获得了这样的境界和感悟。在一次次的逆风翻盘,一次次的自我革新中,徐章来不忘初心,一步步成为坚定的长期主义者,做实事,做新事,做大事,做有意义的事,这一场属于徐章来的人生之旅,始于技术,贵于变革,久于战略,成于时代。

马林

  1968年出生，安徽和县人，中共党员，上海市长宁区人大代表。1986年服役于中央警卫团，1987年至1990年，在中央警卫团一大队七中队任分队长，负责邓小平同志住地和外出随身警卫，其间，马林获得"神枪手"称号并数次受到嘉奖。1990年调任武警上海市总队司令部警备中队分队长。1995年成立上海雅格艺术品有限公司，2013年成立上海欧豪年艺术馆并任馆长，2019年成立上海长宁向日葵心理服务中心，2020年投资成立马鞍山郑蒲港医院管理公司。

儒商马林的赤子之心
——记上海欧豪年艺术馆馆长马林

◆

在商言商，马林却不爱说这些。

最近几年肆虐神州大地的新冠疫情，给了马林许多借口：他可以从容地推辞一些商务上的宴请和聚会，把时间囫囵地留给家人。

"因为疫情，好几次就把父母从安徽老家接到了上海的家里，老人家眷恋着本乡本土，我是好不容易才做通了他们的思想工作"，马林感慨道，疫情期间并不全是糟心的事情，一家人父慈子孝，让他感受到了温暖和快乐。

马林享受着回归家庭的乐趣，在这个"好不容易聚在一起"的家里，他不仅是"儿子马林"，也是"丈夫马林"、"父亲马林"。妻子对中国传统文化颇有研究，马林陪她写字，唐人的诗宋人的词，落在宣纸上，是夫唱妇随的风雅乐事。15岁的儿子正是看《水浒传》的年纪，马林教他打拳，瘦得像竹竿一样的小男子汉，这几个月来也长出了肌肉。女儿在美国读大学，2022年毕业，回到上海后的第一件"人生大事"就是穿上"大白"防护服，成为一名社区志愿者，曾经的"小棉袄"，如今也有了自己的生活和朋友圈。

一杯茶，一炉香，一本字帖，一个悠闲的午后，马林兴之所至，摊开宣纸，写下"陶令不知何处去，桃花源里可耕田"。这句话出自毛泽东所作的《七律·登庐山》，后人结合时代背景，对这首七律有诸多解释，马林用笔尖倾吐的是"回归的闲适"。

五十知天命。马林的"下半场"刚刚开始。

▶ 下海从商的神枪手

> 马林参军将欲行，
> 平添情义动诗篇。
> 奇男远征报国志，
> 健儿迈步别家园。
> 结友尊师谦为贵，
> 守纪执法意更坚。
> 暇时书画常温习，
> 再展文武赤子心。

这首七律，是大伯在马林高中毕业去参军前，专门写给他的，勉励这个家里唯一穿军装的侄子，常怀报国之志，永葆赤子之心。30多年后，马林依然能一字不差地背诵这首诗，他把这首诗当成了自己的座右铭。

马林出生在安徽和县乌江镇的一个书香门第，从父姓和母姓中各取一个字，就有了"马林"。当代草书大家林散之是母亲家的亲戚，父亲这一系也有好几位喜好舞文弄墨，赠诗马林的大伯就是其中之一。在大伯等亲戚的熏陶下，马林从小就爱写字画画，这个爱好一直保持到了今天，也正是这个爱好，促使他把艺术品投资作为一个创业选择，创办了上海首个中外合资的艺术品有限公司——上海雅格艺术品有限公司。有着"当今台湾画坛第一人"美誉的欧豪年和马林是忘年交，2013年老先生在大陆的首家艺术馆建成，马林当仁不让，担任馆长。

这些都是后话。在20世纪70年代末，一个孩子要引起大众的关注，先决条件是成绩好，学会数理化，走遍天下都不怕。马林的父亲是当时乌江镇上仅有的一位副主任医师，他在芜湖和南京的大医院都工作过，后来落叶归根，做一名小镇医生，造福四邻。父亲对儿子在书画方面的天赋，并没有特别在意，即便是儿子在和县文化馆举办的和县少年儿童书画比赛中凭所画的一幅《建设四个现代化》荣获了一等奖，父亲也只是"哦"了一声。

马林高中毕业，嗫嚅地向父母提出，想去当兵。父亲还是"哦"了一声，大概在父亲眼里，这个世界上除了他的病人之外，其他事情都"不着急"。母亲对儿子的选择有些想法，她是一名小学语文老师，评上了安徽省特级教师，在乌江镇算是"桃李满天下"，母亲当然希望儿子能够把学业继续下去。

马林当兵的念头，源自某个暑假家乡附近有一支部队征用了母亲所在学校的操场，进行拉练。士兵们比马林也大不了几岁，马林羡慕他们穿着军装英姿飒爽的样子，一来二去，大家就很熟悉了。后来部队离开学校,马林跟在后面,士兵们笑着拦下他,说你这么小,我们可不收你,要想当兵,长大了再来。马林点点头,算是有了一个约定。

家里人最终还是同意马林去当兵,这让马林十分开心。在马林心中,医生、老师、"兵哥哥",是三个最受人尊重的职业,父亲是医生,母亲是老师,若他如愿以偿地成为"兵哥哥",就圆满了。大伯送他一首七律,最后两句是"暇时书画常温习,再展文武赤子心",父亲在一旁点点头。马林的文化课不错,体格偏瘦削,父亲和母亲最终同意他去当兵,还是希望在部队的熔炉里,把他锻造成一个"文武双全"又有一颗"赤子心"的男子汉。

就这样,马林揣着"好男儿志在四方"的梦想,报名参军,政审通过后,坐上运送新兵的绿皮火车,"呼哧呼哧"地去了北京。

对于小镇青年马林来说,北京是金灿灿的首都,不过,绿皮火车到达后,马林随同大部队直接被送往北京郊外一个谁都不知道叫什么名字的营地,至于天安门啊,王府井啊,这些如雷贯耳的地名,马林一直到分配到中央警卫团,有了假期,才去饱了眼福。后来,父亲母亲带着弟弟,来北京看马林,一家四口在天安门前留下了合影,这张照片以及同期他和战友、首长们的合影,马林当宝贝一样藏着,这是他的青春岁月,这是他的峥嵘记忆。

到营地的时候,正是冬天,朔风打在脸上,好像是小刀子在剜肉，带教的老兵让这些来自全国各地的"新兵蛋子"用部队的方式，好好感受一下北京：轮到马林了，他依样画葫芦，抓起一把泥土，紧紧地攥着，和家乡油腻的黑土不一样，攥在手心里的泥土又松又干，直到手心因为用力，沁出了汗，才勉强成了一团。

1988年春天在中南海瀛台留影

对于部队建制而言，这是一个新兵连，对于马林这些"新兵蛋子"而言，这就是一个魔鬼训练场。和平年代的青年，很少有人吃过真正的"苦"，书香门第的马林在少不经事的时候，也经历过运动和革命，但总体而言，从小到大还算是顺风顺水，到了新兵连，才发现生活并不只有"顺遂"这一种形态，"那个冬天，岂是一个'苦'字可以概括，又怎是一个'累'字可以说完，更不是一个'严'字可以形容"。

然而，也正是在那个冬天的摸爬滚打，使马林更真切地理解了"不抛弃、不放弃"的真谛。也正是在这个冬天，他学会了和自己"较劲"，和生活"较真"，他凝着一口精气神，如同初到新兵连时，那把被自己紧紧攥着的土，唯恐一松手，一泄劲，就松了，散了，不成形了。

经过一个冬天的磨砺，马林熟悉了新兵连的生活，从一个文弱瘦削的高中毕业生，成长为新兵连里一名优秀的标兵。再后来，好中选优，优中选精，马林通过了层层严苛的筛选，成为时任中央军委主席邓小平身边的一名警卫员。这段经历，被收录于安徽省地方志丛书之一的《和县志》(黄山书社 2012 年 12 月第 1 版)。

据《和县志》记载，马林"1986 年 11 月入伍，服役于中央警卫团。1987 年 2 月至 1990 年 12 月，在中央警卫团一大队七中队任分队长，负责邓小平住地警卫、外出随身警卫"，"1990 年 12 月，调任武警上海市总队司令部警备中队分队长"。在邓小平同志身边担任警卫期间，马林获得"神枪手"称号并数次受到嘉奖，中央军委还曾授予他"首都卫士"。

中南海警卫战士与邓小平夫妇合影，二排右一为马林。(图：海峡之声网)

回顾这段人生经历，马林觉得收获最大的是信心，当兵只是一腔热血，并不觉得自己有什么特别的天赋，中央警卫团又是一个拢聚了全军精英的地方，比他跑得快、跳得高、拳头硬的，大有人在。马林的信心，来自"神枪手"这个荣誉称号。这大概和从小写字讲求"力透纸背"有一定的关系，写毛笔字的人，指、腕、肘、肩需配合默契，特别是手腕，既要灵活，还要有劲，更要稳定，这些不仅对运笔至关重要，对练习射击同样大有裨益。

战友们对马林获得"神枪手"称号，并不意外，部分原因竟和马林的家乡有关。马林是和县人，在20世纪80年代，和县出了一个神枪手，就是在1984年洛杉矶奥运会上，夺得男子手枪60发慢射金牌的许海峰。这枚奥运金牌，含金量特别高，这是历史上中国运动员拿到的第一块奥运会金牌。马林比许海峰年轻11岁，同为和县人的他在战友们眼里成了"神枪手"的接班人。马林很高兴，能在藏龙卧虎的中央警卫团脱颖而出，证明自己还是有点能力的，"那时候20岁上下，还是一个愣头青，觉得自己有一技之长，特别能耐"。

1991年，马林在上海转业，一个猛子，扎到了改革开放的大浪里，或任职、或创办了多家公司，成为一名活跃在上海市场的徽商，他有着旧时徽商的传统做派，用儒家文化指导经商，也有着新徽商的闯劲，马林将之归功于在部队的历练。据《和县志》记载，1993年，由马林牵线引资的中外合资企业安徽亚晶冷冻食品有限公司在和县落户投产，是和县当年第一家中外合资企业，2004年，马林出任上海市安徽商会常务副会长。

地方志只是陈述一种事实，不会涉及事实背后的许多故事，哪怕是巨浪滔天，地方志也只是举重若轻地一笔带过。1991年转业后，雄心万丈的马林刚"跳进"黄浦江，就差点被一口江水给"呛死"。马林自诩"水性不错"，曾在北戴河陪着邓小平同志游泳，更早的时候，家门口那条曾经困住了西楚霸王项羽的乌江，他也是来去自如，着实没有想到，这一次黄浦江的水竟然这么深，这么急。一位相熟的前辈把马林带进了生意场，紧接着就顺风顺水地谈下了一个大项目，马林踌躇满志，睥睨四野，觉得"生意场也不过如此"，然而，在项目运作阶段却传出项目所属集团创始人突然逝世的消息，项目就此搁浅，本来就是东拼西凑的项目团队各自离散，马林成了没人没钱没项目，最后连工作也没有了的"光杆司令"。

"当过兵的人，有一点好处，不抛弃也不放弃，从哪里跌倒了，就从哪里爬起来，这是军人的基本素质，我觉得，转行到了商场上，这也是一个商人所要具备的基本素质"。马林最困难的时候，曾经数着口袋里的十几元钱过了好几天，靠着战友的帮衬，他挨过了最难挨的时候，也端正了求职心态，后来在一家日资企业找到了适合自己的岗位，从基层做起，一步步做到了董事长助理。这段往事，让马林印象深刻，此后遇到更大的风浪，他也总能及时地调整心态，"俗话说，万事开头难，我是难在了开头，后面的坎坎坷坷看上去就不难了"。

1992年3月26日,《深圳特区报》率先发表了"东方风来满眼春——邓小平同志在深圳纪实"的重大社论报道,并集中阐述了邓小平南方谈话的要点内容。马林买了一张报纸,认真学习老首长关于改革开放的最新论断,特别是"改革开放胆子要大一些,看准了的,就大胆地试、大胆地闯。对的就坚持,不对的就赶快改,新问题出来加紧解决",这句话,马林牢牢记住了。

也是在1992年,马林迎来了人生的一个新起点。一次偶然的机会,他和一个名叫赖敏英的台湾大学生相遇了。赖敏英1991年考上华东师范大学,从台湾来上海求学,1992年因为交通事故被交警部门扣了车,无巧不巧,赖敏英在交警队处理事故的时候,遇到了前来交警队看望战友的马林。两人就这么相识了。

马林是个热心肠的人,见赖敏英对大陆的交通法规一问三不知,就帮忙解释说明,还帮她填写表格,做笔录。事后,赖敏英请马林吃了一顿肯德基,价格直到现在马林还记得,一共55元,还是马林付的钱,"她是一个女学生,虽然开的车蛮好的,但我一个有工作的人怎么能让女学生请客。"实际上,在1992年,55元钱还是一个比较大的数目,马林脑子里反复扑腾着大伯七律里的那句"结友尊师谦为贵",既然是结友贵在谦,那么这笔钱就花得不冤。还真的是不冤,赖敏英对马林印象非常好,在上海她没有什么朋友,见多识广的马林成为可以说说话的人。又过了一段时间,他们确立了恋爱关系。这段横跨海峡的姻缘，经中央电视台、上海电视台报道，成了海峡两岸间的一个美谈。

结友贵在谦，尊师更要谦为贵。在马林的案头，有一张两人合照，写满了往事：合照中的一人是马林，另一人是位笑容可掬的老人，大名徐金升。熟悉党史，特别是粉碎"四人帮"那段历史的人对徐金升这个名字，并不陌生，他曾经是周恩来总理的警卫员，在粉碎"四人帮"的行动中，徐金升是抓捕张春桥的四人行动小组中的一员，这段史料在"中国共产党新闻网"上可以查到。

徐金升老人曾经担任中央警卫团的副团长，对马林十分赏识。1990 年，马林离开北京，调任武警上海市总队司令部警备中队分队长，从此就开始了一个持续 30 多年的"约定"：每年中秋节 19 点，马林总要给老爷子打一个电话，送上节日的祝福。

"我们没有约定过，一开始只是习惯，徐老对我很好，作为晚辈，中秋节的时候问候一声，是晚辈的本分，后来就习惯成自然了。"马林说。20 世纪 90 年代初的一个中秋节，马林在乌江镇老家，吃过晚饭，下起了瓢泼大雨，马林拿起伞就往外走，父亲问他去哪里，马林说去打一个电话，当时电话还没有普及，在乌江镇打长途电话要去邮局。父亲没再多问，后来听儿子说起这个"没有约定的约定"，父亲只说了一句：能坚持下去，这很好。

这个"约定"，一直坚持到现在，家里人也知道，中秋节这天，无论是在国内还是国外，无论是在应酬还是居家，马林总要掐着点（在国外的时候，还要算时差），拨打这个电话。马林也知道电话的另一端，一位老人也在等着这个电话。

2022年疫情期间，徐金升老人去世。因为疫情封控的关系，马林无法前往送别，在老人去世前一周，马林和老人通了一个电话，听着老人无力的絮语，马林心中很痛，他既想听老人再多说几句，又不忍打扰老人的休息。2022年中秋，马林看着电话，若有所失，已经连续30多年在中秋晚上和徐金升老人通电话，如今老人已去，这个电话打还是不打？马林最后还是拨通了那个无比熟悉的号码，在电话那头，另一位老人——徐伯母正等着他。

这个不是约定的约定，还将继续下去。

▶ 以字为媒的儒商

中华儿女景河清，
台北欣今淡水平。
山麓松高梅竹茂，
寒岁耐雪作嘉盟。
图成大幅亦从容，
画水画山任折衷。
海宇同心深愿景，
虽云异壑实同峰。

这首七律，题写在《河清图》上。2010年6月，习近平总书记会见中国国民党荣誉主席吴伯雄时，吴伯雄赠送了这幅《河清图》。画和题诗，皆为欧豪年所作。

欧豪年1935年生于广东吴川，17岁时师从岭南画派巨擘赵少昂，早年离乡赴港，1970年始定居台北。他的作品讲究写生造境，注重内在的人文气质和情趣，坚持中国画独特的民族风格，被誉为"当今台湾画坛第一人"。2005年5月，中国台湾亲民党大陆访问团来到北京访问时赠予时任中共中央总书记胡锦涛的画作，就是欧豪年的作品《海宇清涛图》，画上题诗："清涛晏海宇，清议福斯民；风雷今宵酒，明朝日又新。"

马林和欧豪年相识，并成为欧豪年在大陆首家艺术馆的馆长，和妻子赖敏英有些关系。赖敏英自幼喜爱书画艺术，在华东师范大学主修的也是艺术，和马林结缘虽说是源自一次极偶然的事件，但在随后的相处中，发现这个曾经做过首长警卫员的"兵哥哥"写得一手好字，谈起中国传统文化，思路清晰，逻辑顺畅，更巧的是两人竟有许多观点近似，甚至一致。这是缘分，很多夫妻百年修得举案齐眉的情深义重，而彼此有共同爱好的情投意合，大概要修上千年。1997年，马林和赖敏英喜结良缘，赖敏英的几位台湾的长辈见这位"姑爷"能武更能文，心中欢喜，马林算是为安徽小伙长了脸面。

马林曾经是邓小平同志的住地警卫和外出随身警卫，和首长在一起，有一个显而易见的好处，就是到处走，眼界开阔，看到过不少好东西。后来又机缘巧合，拜著名画家、上海文史馆官员孙仲威先生为老师，从书画入手，系统地学习了中国传统文化。大陆市场不缺好东西，就缺好眼力，20世纪80年代起，有一部分人因为好眼力，在艺术品投资上收获良多，代表人物包括把观复博物馆开到上海市中心的马未都。

俗话说"盛世字画古董，乱世黄金珠宝"，有资金的需要好眼力的来帮衬，在结识赖敏英后，马林逐渐对艺术品这一行当，有了比较深入的了解。1998年，女儿在台北出生，马林赴台陪妻子坐月子，机缘巧合，结识了台湾画廊协会的董事长洪平涛先生。在看过几次画廊艺术展后，马林对台北画廊协会的商业运作模式十分感兴趣，和洪平涛之间有了更深入的交流。

洪平涛其人，懂画更懂市场，他是最早涉足"老油画"买卖的台湾画商之一，据《上海证券报》报道，1989年至1995年间，洪平涛从中国大陆大量收购老油画，数量累计达3000幅。洪平涛的画廊成为众多藏家、投资客和炒家寻觅一些早期油画作品的平台。

马林跟着洪平涛参加了几次画展，看了不少好东西，大部分都是大陆画家的作品，在艺术水准上，绝大多数都是顶尖的。马林的眼界也算是开阔的，但这些高档次的画展在大陆很难看到，马林想，总有一天，我会把这些好东西带回大陆去展览。洪平涛见马林是一个很有志气的年轻人，也乐意和他交流互动。赖敏英知道马林和洪平涛来往，十分高兴，对丈夫即将开始的事业完全支持。

儒商马林的赤子之心

2000年,新旧世纪交替之际,上海首家中外合资的艺术品公司成立,这就是马林和赖敏英创办的"上海市雅格艺术品有限责任公司"。雅格公司成立后,主要业务是把中国的书画艺术品介绍到海外,把海外的艺术品介绍到中国来,同时经营一些国家允许的古董生意。马林虽说是艺术品市场的"初生牛犊",心气却很高,他看准了已经迈入门槛的21世纪将成为中国历史上的又一个盛世,以洪平涛先生为代表的许多人不是把许多大陆的艺术品都卖到了海外市场吗,我马林有信心把这些从海外市场再买回来。

2004年冬天,马林和保利拍卖公司合作了一场拍卖会。在拍卖会的油画和水墨画专场上,中国几代油画家的作品缤纷呈现,吕斯百、徐悲鸿、艾中信、孙云台等名家作品撑足了场面,这场拍卖会在业内引起了较大的反响,也坚定了马林继续走艺术品交易这条路的信心。

人生在世,一切都是机缘,相聚离开,皆有定数。马林这个安徽女婿,融入了台湾的文化圈,很快就见到了有着"当今台湾画坛第一人"之称的欧豪年。为推动中国水墨艺术的发展,欧豪年从2000年起每年都举办研讨会,广邀贤达,共商如何在现代环境中更好地发展民族文化。马林也受邀参加过研讨会,欧豪年看过马林写的字,觉得这个年轻人面相好,字也写得大气奔放,颇合自己的心意,平日里和马林的来往渐渐多了起来。马林觉得,这是"顶级艺术品回流"的一个契机。

有一次,欧豪年在上海举办画展,马林邀请老先生去安徽走一走、看一看。安徽历史上诞生过许多著名的画家,特别是在群星璀璨的宋代,濠州(今安徽凤阳)人崔白和舒州(今桐城)人李公麟都是影响了画坛数百年的大师。欧豪年当时已经70多岁了,腿脚不是很灵便,但安徽的自然山水深深吸引着他,召唤着他,在马林身上可以感受到的"贾而好儒"的徽商风骨,也让老先生对安徽的人文颇感兴趣。欧豪年欣然接受了马林的邀请,到了巢湖,兴之所至,赋诗两首盛赞巢湖的秀丽风光。也许是水土不服还是别的什么原因,欧豪年在旅途中偶染感冒,还发烧了,随行人员粗枝大叶,唯有马林细心,连续两天衣不解带,不离左右,让欧豪年觉得这个小伙子人品很不错。

这次安徽行,成为欧豪年和安徽结缘的一个开始,从这个意义上讲,马林的邀约可谓具有前瞻性。2014年5月6日,正在台湾参访的时任中共安徽省委书记张宝顺向台湾岭南美术馆馆长、欧豪年文化基金会董事长欧豪年先生颁发"安徽博物院欧豪年美术馆永久荣誉馆长"证书,以表彰欧豪年先生捐赠120幅作品给安徽博物院。这是欧豪年在大陆地区的第二家艺术馆(美术馆),首家开设在上海,往返于上海和安徽两地的马林正是促成此事的功臣。

值得一提的是,在欧豪年首个大陆艺术馆开馆前,2013年9月,位于北京的中国国家博物馆举办了《鹏翼展天宽》欧豪年个人作品展,时任中国国家博物馆馆长吕章申向欧豪年表示,欧先生作品与国家博物馆达成传统与现代的极佳结合,馆方期待未来能收藏、展示大师画作。

2013年10月14日，欧豪年首个大陆艺术馆开馆，欧豪年一口气捐赠了100多件不同时期的绘画、书法作品，马林也拿出了自己多年珍藏的欧豪年瑰宝级的画作。开馆当日，已年过八旬的欧豪年亲临开幕礼，欧老希望通过展示，让更多的市

2014年3月23日安微省博物院欧豪年美术馆开幕留影。左1，中国海协会原会长陈云林，左2，欧豪年，左3，马林。

民了解中国画，喜爱中国画，促进两岸间的国画艺术交流。时任国台办新闻局局长杨毅更是在开馆前专程前来看望欧老并欣赏了他的作品。

巢湖之行，让欧豪年发现了一个细心的马林，一个有责任感的马林，老先生觉得，"两岸交流，以画会友"这个多年来的梦想，可以交托马林来实现。老先生的器重，让马林十分激动，他像当年接过保卫首长的任务那样，接过了"保卫"欧豪年画作的任务。这是马林参与的海外市场回流艺术品中，最有影响力的一个案例，艺术馆的藏品兼具质量和数量，规模虽然不算大，但在海峡两岸画坛也称得上是一桩盛事。更重要的是，这位"启蒙在大陆、学成在香港、发扬于台湾，诗书画三绝"的大师用实际行动将作品回流大陆，那么作为后辈，马林觉得有责任更有义务，将由此阐发的中华传统文化传承下去，发扬光大。

马林是欧豪年钦点的艺术馆馆长，由于在生意场上还有许多羁绊，在社会事务上也诸事缠身（当时马林不仅担任上海市安徽商会常务副会长，还兼任商会的秘书长），马林在艺术馆的运作上无法做到心无旁骛，但求问心无愧。马林给艺术馆定下了一条规矩：艺术馆不以盈利为目的，只做纯粹的文化交流。

市场经济，物欲世界，"纯粹"两个字最难得。对于马林来说，文化是一个企业家层次升华的重要体现，"大到一个国家，一座城市，一块地域，小到一个组织、一个团体，哪怕是一个人，最后看发展看成就，经济指标不是唯一标准，看的都是文化层面的东西"。

马林的文化观与时代契合，他赶上了好的时候，在最好的年代，做了自己最喜欢的事情。党的十九大报告指出："中国特色社会主义进入新时代，我国社会主要矛盾已经转化为人民日益增长的美好生活需要和不平衡不充分的发展之间的矛盾"。要"满足人民过上美好生活的新期待，必须提供丰富的精神食粮"。

马林说，党的十九大报告说到了点子上，报告指出"繁荣发展社会主义文艺"，要倡导"讲品位、讲格调、讲责任，抵制低俗、庸俗、媚俗"，这17个字，让马林非常激动。众所周知，有一段时间文化市场的发展有些畸形，而现在马林欣喜地看到了，随着国家反腐力度的层层加码，打掉了艺术品市场上雅贿的不良风气，让真正有实力的画家得以回归，文化市场将迎来一波发展高潮。

"文化是一个国家、一个民族的灵魂。文化兴国运兴，文化强民族强。没有高度的文化自信，没有文化的繁荣兴盛，就没有中华民族伟大复兴。要坚持中国特色社会主义文化发展道路，激发全民族文化创新创造活力，建设社会主义文化强国。"

十九大报告发聋振聩，马林觉得，自己的"血槽"又加满了，"如果将我从商的经历分为上下半场，在上半场，我做过房地产，做过项目投资，但我总觉得文化上面的投资，更有意义，也更有价值，国家重视到了这一点，我的下半场也将围绕这一点"。

如今的欧豪年艺术馆，"谈笑有鸿儒，往来无白丁"，时而唱和诗文，时而挥毫走笔，更像是一个雅集。往往在这个时候，马林总要焚上一炉香，"可以调素琴，阅金经。无丝竹之乱耳，无案牍之劳形"。这是唐代诗人刘禹锡《陋室铭》里的句子。公元824至826年，刘禹锡在和州（今安徽和县）任上，写下了这一托物言志的千古名篇。

马林是和县人，这篇《陋室铭》是烂熟于心的。

▶ 雪中送炭的大侠

> 中枢猛士酒微醺，
> 宝驾闲驱付丽人。
> 误入工程钢铁栅，
> 轻开狭路若天神。
> 双臂略伸移巨掌，
> 一排推覆卧埃尘。
> 市民瞠目惊呼赞，
> 缓步登车小侧身。

这首七律，收录于古琴演奏家、中央音乐学院教授李祥霆的《醉琴斋诗选》（中国人民大学出版社），是李祥霆专为马林所写。

李祥霆是文化部认定的"国家级非物质文化遗产（古琴艺术）代表性传承人"，享受国务院特殊津贴，不仅琴音妙绝，下笔更是神采飞扬。他用《世说新语》的笔法，附在七律之后的说明小文中，记叙了那一日的噱事：

"友人马林曾任邓公贴身警卫。余兴之共赴苏州友人晚宴后，虽微醺感酒力，亦不可复御其名车。友人公司副总丽人也，驾。余亦同乘赴别馆茶叙。途经道路施工处，路口虽狭，却无车辆绕行示牌。徐徐驶进五十米许，忽遇左侧水泥路灯电线杆，路口更窄，马君下车引导试探前行。又约五十米，于右侧仍连竖防护钢板，左侧忽增设高一米许钢铁栅栏，每个长三米左右，路更狭，车不能前亦不可退。马君下车，略伸双臂，逐个提起后撤，置之路边。又进五十米许，马君心有不快，遂将再提之栅栏掷之地。路边行人皆驻足瞠目惊呼，并杂有叫好者。再行五十米许方至通途，马君从容近其宝驾，拉车门，伟岸之身微侧，轻盈登座，真雄奇趣事也。"

这件噱事，足以见马林的"不羁"。

马林是最讲求组织纪律的中央警卫团培养出来的战士，规则以内，他不会逾矩半分，大伯在30多年前所赠七律中的那句"守纪执法意更坚"，是他奉行至今的信条；在规则允许的范围之内，这个性子豪爽，为人洒脱，行事果毅的安徽汉子信奉邓小平同志的那句"胆子要大一些，看准了的，就大胆地试、大胆地闯。对的就坚持，不对的就赶快改，新问题出来加紧解决"。"邓公的这句话，不仅是说改革开放，做事做人，都应该如此。"马林说。

李祥霆笔下的马林，就是这样一个不逾矩，但也不会困守的好汉。李祥霆阅人历事皆无数，却以这次见闻为"雄奇趣事"，可见马林给他留下的印象之深。在以前，这就是"大侠"气，李祥霆、欧豪年这些已成为"文化瑰宝"的老人和马林成为忘年交，就是看中了他身上这股子逼人的英气。

马林现在已经不怎么出来喝酒了，据他说，"大酒"已经戒了6年有余，和朋友之间喝喝小酒的聚会，他也大多举杯为礼，"五十知天命，基本上已经回归家庭了"。2020年初春，马林在欧豪年艺术馆的小楼里，铺开20米的长卷，书写了一篇北宋名臣范仲淹的《岳阳楼记》："予尝求古仁人之心，或异二者之为，何哉？不以物喜，不以己悲"，这句话就是他现在的生活状态，他已经将心态放平和了，将生活节奏放慢了。

然而，一个身有"大侠"气的汉子，又怎能安心于"江湖之远"。2020年初春，新冠疫情席卷全球，很多人被困在小区里，无处可去，又为口罩发愁。马林当过兵，对于敏感事件的反应和判断，总是要比别人快一些，1月中旬的流言让马林警觉，他通过朋友，联系到口罩工厂，花1万多元买了500个N95口罩，朋友觉得他有些小题大作，马林笑了笑：有备无患。1月23日，武汉封城的消息震惊了全世界，当时马林身在安徽老家，和家人一起迎接即将到来的新年，从手机推送的新闻里看到武汉封城，马林坐不住了，这是新中国成立以来发出的第一个封城令，其承载的内容，恐怕不是普通人能够承受的。

1月23日是农历二十九，第二天就是除夕，马林劝父亲母亲立即随他去上海，又在好几个微信群里留言，让亲朋好友取消串门拜年。父亲有些固执，每年正月初一都是家乡最热闹的时候，他不愿走。马林苦口婆心，反复劝说，最后父子俩各让一步，在家乡吃完年夜饭，大年初一去上海。

"上海有最好的医生，防护措施也是最好的，父亲母亲住在上海，我就放心，"马林说，"我也知道他们这一辈的老人家只要能走得动，吃得下，就不愿麻烦小辈，他们也有自己的生活和朋友圈，但就是因为他们的朋友圈太大了，你让他们在老家天天隔离，一个春节不见外人，想想也不可能，也做不到啊。"

安顿了父母，安顿了妻儿，马林脚步不停，小区840户人家成为父母妻儿之后，他揣在心里最重要的一桩"心事"。马林是小区的业委会主任，疫情期间，人心不稳，很多平日里见面称一声"马哥"的邻居，纷纷给马林发短消息、发微信语音，知道他人在上海，而且正密切关注着疫情防控的动态，才稍稍安心。

马林得知，由于疫情突如其来，又逢春节假期，小区保安防控物资短缺，就大方地捐出了N95口罩，"新闻里说，只要注意卫生，一个N95戴个三四天是没问题的，我囤了500个，家里人怎么用得完，还不如捐给物业做贡献。这是非常时期最正常的做法",马林的善举,不仅安了物业保安的心,也安了小区840户居民的心。

小区里有一位老人,是位退休的中学教师,后来给马林手写了一封感谢信:"马林主任:防疫伊始,多承您热心关注,嘘寒问暖,乃至送菜上门,真是雪中送炭,邻里情深尤为可贵……"这位老人的子女在国外,家中保姆春节放假,买菜成了大问题,马林知道后,主动承担起了为老人送菜的义务,还垫付了所有菜金。后来,保姆复工,老人再三嘱托保姆上门送感谢信,同时把马林垫付的菜金一并送上。

人生中不缺锦上添花者,能够雪中送炭,才能真正地被人们所记住,所感怀。

2022年,因为疫情的冲击,上海这座超大城市前所未有地静了下来。上上下下为打赢这场大上海保卫战而不懈努力和奋斗着,这是一段刻骨铭心的日子。

在全市封控之前,3月中旬起,马林就带着爱人和15岁的儿子毫不犹豫地投身到所在社区防疫一线做志愿者,成了小区里并肩作战的"战友"。5月中旬,女儿从美国大学毕业后回到了上海,马林又带着一家四口"全副武装"地穿梭在小区的每栋楼层里。

马林有心理咨询师的执照,曾在2020年被安排去为隔离人员进行心理疏导,"隔着口罩和护目镜,我看不清他们的面容,但我可以感受到,他们内心是焦虑的,是惧怕的,我也害怕,说不定对面坐着的,我去搀扶过的,就有一个新冠患者,

2023年1月份全家福，前排右一和二是父母，左一马林，左二夫人赖敏英，后排右一女儿马芝琳、右二儿子马菖隆。

或者携带者，但我让自己冷静，因为作为一名志愿者，作为一名提供心理疏导服务的志愿者，我所要做的是让对方冷静，我自己可不能先乱方寸"。因为上海封控，马林无法离开小区，但他还是可以为大家做很多事：3月底，马林从农贸市场购买了2000多斤蔬菜，送给小区几十户孤寡独居老人和几十名保安保洁。4月中旬，马林又联系了马鞍山的超市，把1200箱、总重超过10吨的生活物资送到了周家桥街道的21个居民区。疫情期间马林还给复旦大学上海医学院、上海市消防总队、上海市动物园、上海中医药大学等单位捐助生活物资。马林觉得，这是他作为共产党员和长宁区人大代表的应尽责任。

马林所做的这些事，儿子马菖隆全看在眼里。这个瘦得像竹竿一样的男孩儿，在父亲的指导下，开始了散打的练习，他长肌肉了，同样快速成长的，还有他的人生观、价值观和世界观。和父亲在一起，小小男子汉有很多东西可以学，会受用一辈子。2022年的春天，小区核酸采样、抗原自测试剂发放、政府物资配送等志愿服务现场，都能看到马菖隆。每天的衣服湿了又干，干了又湿，晚上回到家里，被汗碱浸渍后的衣服都变成了"花衬衫"，看着儿子男子汉的刚毅眼神，马林十分欣慰：儿子有担当了，也成熟了。

马林也是这样一路走过来的。小时候，父亲总是早出晚

2022年12月出席上海市长宁区第十七届代表大会第二次会议

归,半夜里也睡不安稳,只要有人来敲门,必然是披上衣裳,顶着星光,往镇上医院跑,做儿子的没什么可抱怨的,马林早熟懂事,知道在很多时候,病人比家人更需要父亲。父亲就是这样,才被镇上四邻所尊重,也被马林所敬重。现在,马林虽已下定决心,在他的人生下半场,要把大部分的重心迁回家庭,但只要外界还需要他,他的血仍是热的。

这就是"侠"。

司马迁在《史记·游侠列传》中定义了"侠":"其言必信,其行必果,已诺必诚,不爱其躯,赴士之厄困。既已存亡死生矣,而不矜其能,羞伐其德,盖亦有足多者焉。"

大意是说,所谓的侠者,说话一定守信用,做事一定果敢决断,已经答应的必定实现,以示诚实,肯于牺牲生命,去救助别人的危难。已经经历了生死存亡的考验,却不自我夸耀本领,也不好意思夸耀自己功德,大概这也是很值得赞美的地方吧!

这就是"侠",因为责任,未敢有一丝松懈,因为担当,即便是江湖之远,马林也会纵马赶来。

侠之大者,为国为家。

高逸峰

安徽合肥人，1961年出生。企业营销策划、互联网直播电商实战专家。曾经是中央电视台春晚歌手，20世纪90年代在海南成立文化公司，资产达到数千万元，后公司破产。2010年参加《中国达人秀》，献唱《从头再来》被全国观众熟知。之后在上海开小餐饮连锁，高峰时门店达到近千家。2013年转战互联网直播电商，在北京的二家互联网上市公司出任VP和CBO。

人生不怕　从头再来

——记中国反败为胜榜样人物、企业经营教练、上海实在高餐饮集团董事长、中国达人秀励志达人高逸峰

众人企慕的千万富翁，几乎在一夜之间身无分文，身负巨债；

从云端跌入深渊，却又不屈地奋起；

历经从浮华到清贫的大起大落，他只是潇洒地吟唱：看成败人生豪迈。只不过是从头再来；

……

他是高逸峰，他是中国达人，他是真正的人生赢家。

高逸峰，人们从《中国达人秀》的舞台开始听说和了解他，人们唏嘘和感动其跌宕的人生经历。但是，当你走近高逸峰的人生细节和节点，可能在敬佩和仰慕之余，还会给你带来一番别样的人生启迪，而不仅仅只有感慨。

▶ 从小展露文艺天赋，26 岁追梦海南

高逸峰 1961 年出生在浙江，从小跟着父母过着漂泊的军旅生活，北京、江苏、浙江等地都留下了他童年的笑声。等到父亲转业到安徽马鞍山落户后，高逸峰便在这座横跨长江、接壤南京的历史名城开始了自己的学生生涯。

马鞍山地名的传说令当地人引以为豪。相传楚汉战争时，楚霸王项羽被困垓下，四面楚歌，败退至和县乌江，请渔人将心爱的坐骑乌骓马渡至对岸，后自觉无颜见江东父老，自刎而亡。乌骓马思念主人，翻滚自戕，马鞍落地化为一山，马鞍山由此得名。

高逸峰也不例外，很快爱上了这座人杰地灵的文化古城。

俗话说"3岁看大，7岁看老"。也许是受到喜欢文艺的父母的感染，也许是山清水秀的马鞍山带来的灵气，七八岁时的高逸峰就已经在文艺方面展露天赋；语言学啥像啥，快板书相声张口就来，样板戏唱段有模有样。在进入马鞍山市小红花艺术团后，高逸峰更是如鱼得水，屡屡在全市歌咏比赛中获奖，在样板戏演出中频频亮相。

高逸峰刚进入初中就遇到了一个机会——1975年，安徽省铜陵市文工团来马鞍山招生，凭借着文艺天赋，身高刚刚1.36米的高逸峰如愿以偿，进入了相声曲艺队，成为一名学员。

几年后，文工团改成了黄梅戏剧团，这下高逸峰只有干瞪眼的份儿了，黄梅戏的唱腔他是一窍不通，只得干起了灯光、剧务、道具和音响等杂活儿。就这样混了两年，1981年，也就是高逸峰20岁的那一年，实在看不到前途的高逸峰离开了剧团，来到马鞍山无线电厂当工人。

在旁人看来，高逸峰在铜陵市文工团的学艺生涯几乎一无所获，至少不能算得上成功。然而，回望高逸峰的人生，这近 7 年的学艺生涯正是他受益一生的时光。

14 岁的孩子，正处于青春期的动荡和人生理念打造的关键阶段，失之毫厘，人生之路就会差之千里。幸运的是，高逸峰遇到了一位好师父。准确地说，是在他走上社会、迈入真正的人生道路之际，遇到了一位正确的领路人，一位出色的人生导师。

这也是高逸峰人生中的第一位贵人。

师父郑林哲，不仅授艺，手把手地教高逸峰相声和快板书，而且育人，引导高逸峰行走在健康的人生道路上。说起来郑林哲也是师出名门，他是相声艺术大师马三立的第三代弟子。因为出身不好和家庭贫困，多年在工厂当工人，难以实现自己的梦想。正是靠着勤奋、拼搏和自强不息的品质，在小小的铜陵市文工团实现了自我价值。

少年高逸峰，在师父身上学到了正直、包容和坚强的品质。可以说，这是高逸峰在文工团的最大收获。

时光回转，多年以后，当高逸峰以创业导师、企业教练的面目示人时，这又何尝不是一种善心善行的薪火相传呢？

高逸峰是幸运的，在当年的铜陵市文工团中还有一位恩师，这就是上海音乐学院著名的男低音歌唱家张光华老师。那时的张光华被下放至文工团，负责声乐班。因为热爱唱歌，高逸峰一有空闲便溜到声乐班偷师学艺，修炼得一副好嗓子。

无线电厂虽然效益不错，但高逸峰志不在此。恰在此时，文工团的一位师兄在带队到全国各地走穴,缺少流行歌手,情急之下,想到了师弟高逸峰。

走穴一词,源于20世纪80年代演艺界。《现代汉语词典》解释是,指"演员为了捞外快而私自外出演出"。

师兄是个有心人,他知道高逸峰既缺舞台经验,又非专业歌手,特意安排他第一个登场,意在趁开场时观众落座未定之际,匆匆走过场了事,说白了就是"凑个数"。

果然不出所料,高逸峰上场后连手脚都不知道往哪里放,像个机器人摆在那里,急急忙忙地唱完了两首歌。这令他自己也非常沮丧——尽管如此,高逸峰还是非常喜欢这个活儿,一来收入多,虽然他那时一天只有三四元钱,而主力演员最多可超过50元。而无线电厂虽然效益不错,每月也只有40元。第二更重要,因为唱歌正是其兴趣爱好,没有比唱歌更让高逸峰开心的事了。

聪明的师兄猜到了开头却没有猜对结尾。仅仅两个月后,高逸峰的登台顺序就从第一个变成了最后一个,收入自然也超过了每天50元。压轴的高逸峰一般要唱6首歌曲,当时最流行的《爱情像太阳》《那天晚上》《罗拉》等歌曲都是他的拿手好戏。

原来,自从第一天登台失败后,高逸峰就暗暗发誓一定要唱出个名堂。他每天晚上躲在演出剧场的楼道里练歌,天天唱到凌晨3点,像刘文正的那首《爱情像太阳》,从每一个吐字、每一个气声到每一个滑音,高逸峰都模仿得惟妙惟肖,几可乱真。

见过了外面的精彩世界，小小的马鞍山已经安放不下高逸峰那颗追梦的心。尽管后来高逸峰进入了当时令人羡慕的马鞍山钢铁公司。

1987年，海南开放发展步伐加快，10万内地人才跨过琼州海峡来到这个雪梨状椭圆形的祖国第二大岛。那年11月，兜里揣着300元的高逸峰也成为其中的追梦一员。

插播一句，高逸峰从小最拿手歌曲是《我爱五指山我爱万泉河》。这是否也是一种天意呢？

▶ 巧遇贵人，登上云端后又跌落深渊

10万大军下海南，没有一点绝活儿怎能站得住脚？但高逸峰的一技之长却没有用武之地，因为海口流行的是粤语歌曲，这恰恰是其软肋。高逸峰无奈做起了餐馆服务员，伺机而动。

幸运的是，这是一家晚餐后改做歌厅的餐馆，演出者仅3人，1个键盘手、1个男歌手和1个女歌手。

一天晚上餐馆总经理急得团团转，原来是男歌手突然因故来不了了。高逸峰等待的就是这一天。总经理匆匆把毛遂自荐的高逸峰死马当作活马医地推上舞台，想不到反响极佳。

然而，听众只是图个新鲜。1个多月后，粤语歌的障碍又横亘在了高逸峰的面前。他下定决心到广州和深圳去学粤语歌。

这一学不要紧，学习过程中高逸峰认识了自己人生中的第二位贵人乔国选。在了解到高逸峰的志向后，乔大哥试探地问高：是否有兴趣自己承包歌厅？他可出资5万元，条件是每年15%的回报率。高逸峰又喜又惊。喜的是自己来海口的梦想就在眼前，惊的是万一搞砸了，以自己驻场歌手每月1000多元的收入，等于四五年白干。

生存还是毁灭，这是一个问题。梦想的诱惑最终还是占了上风，梦想给了高逸峰勇气和胆量，因为小打小闹已经满足不了他的欲望和野心。

高逸峰在海口宾馆旁的五指山大厦9层，承包了一个能容纳百来人的小歌厅。因为在铜陵文工团时，团里70%的人员都来自上海，耳濡目染，让少年高逸峰从小就对上海的繁华和时尚有了一种期盼和向往，由此埋下了深深的上海情结。这一次，高逸峰毫不犹豫地把歌厅取名为"夜上海"。

高逸峰小心翼翼地投入了43000元，用于音响设施、酒水添置等。他身兼5职，除了主持、唱歌、演小品以外，还有灯光、音响等，以前在铜陵市黄梅戏剧团干杂活儿的手艺全都派上了用场。

"夜上海"歌厅第一个月就有了盈利，随后一炮打响，红遍海口，每年大赚20多万元。同时，当时从内地到海南特区做生意的人很多，歌厅里南来北往的客人传递了来自全国的的商贸信息，显然这里自然成为一个信息交流的场所，依托"夜上海"这个平台带来的资源，高逸峰收获颇丰。

与此同时，大金元文化娱乐有限公司也创办成立。

高逸峰从此一发不可收拾。1992年，在一位安徽老乡的引荐下，高逸峰以合作人的身份进入海南第一投资集团公司（后此公司在中国主板上市）任副总裁，负责娱乐版块的业务。公司旗下的娱乐实体为"海南望海国际俱乐部"。当时是中国最大的演艺娱乐城。

一帆风顺，满舵前行。短短两年，"海南望海国际俱乐部"脱离海南第一投资集团公司，独立运营，高逸峰把这种模式的演艺娱乐城开到了除海口之外的南京、武汉、合肥、昆明和银川6座省会城市，生意火爆。要说火爆到什么程度？苏芮、齐秦、童安格、周华健、毛阿敏、那英、刘欢、赵本山……当时只要哪一个明星火，哪一个明星的身影就会出现在"大金元"；每天光是现金流水就高达几十万元；公司正式员工有1000余人，临时工800余人……

高逸峰达到了人生的辉煌期。辉煌其实并不是指他当时拥有的几千万资产。准确地说，高逸峰更是一位会经商的艺人。相比生意场上的成功，高逸峰的演艺事业才称得上辉煌：1995年，高逸峰出品了自己的第一个歌曲专辑《为你终生守口如瓶》；同年，歌曲《老家》获中央电视台MTV大赛银奖，并在当年7点钟《新闻联播》前的《每周一歌》栏目中向全国推荐；1996年，高逸峰圆了自己12年的一个梦想——登上了中央电视台的春节联欢晚会，演出了当年红遍大江南北的歌曲《九月九的酒》，并获得观众喜爱节目一等奖。

人生不怕　从头再来

1996年高逸峰（高松）登上央视春晚，演唱《九月九的酒》

《老家》是高逸峰的成名之作，因为在这首原唱歌曲中，道出了这个14岁离开家乡、尝遍人间冷暖男人的心声。

"走遍海角和天涯／一路上有烈日风沙

因为心太高心太大／说不清楚是怕还是不怕

走遍海角和天涯／体验世态炎凉变化

因为心太高心太大／读不懂的未来却又不忍心放下

总想一生一世去潇洒／却又是有太多牵挂

猜猜今天太阳走到哪／你是不是温暖我老家"

明天和意外，你永远不知道哪个先来。就在高逸峰春风得意马蹄疾的时候，危机正在无声无息地降临。

飞机涡轮机的发明者德国人帕布斯·海恩曾提出过一个在航空界关于安全飞行的法则：每一起严重事故的背后，必然有29次轻微事故和300起未遂先兆以及1000起事故隐患。这就是著名的海恩法则。

高逸峰的"大金元"此时也悄悄地出现了海恩法则的先兆和隐患，而这起严重事故的后果更为致命。

1995年，中国经济经过高速发展后，为了遏止经济过热，国家开始实行宏观调控政策。经济学规律显示，经济过热后的调整时期，全世界所产生的后果都是一样的：产能过剩、债务问题、资金困难、融资难、融资贵……娱乐业自然也未能幸免。与此同时，东南亚金融危机也山雨欲来。1997年，东南亚金融危机正式爆发，正在苦苦支撑的大金元文化娱乐有限公司身上，被压上了最后一根稻草，公司破产倒闭。与此同时，高逸峰所涉足投资的地产、金融等生意也全线崩盘。

"任何事故的发生都是量的积累的结果。要消除严重事故，就必须敏锐而及时地发现这些事故征兆和隐患并果断采取措施加以控制或消除。遗憾的是，我们当时仅仅以为是一些个体的独立事故，头痛医头、脚痛医脚。冷静下来想想，除了宏观上的经济形势原因外，公司在很多方面做得确实比较粗放，不够严谨和科学。其中既有战略管理和资本运营上的原因，也不乏集团内部管理和人力资源管理上的因素。"20年后，反思这段过山车般的经历，高逸峰已不再怨天尤人，思考更为理性。

▶ 至暗时刻，幸好还有爱情陪伴

妻子钟叶，毫无疑问是高逸峰人生中的第三个、也是最不可或缺的贵人。

钟叶特别欣赏作家扎西拉姆·多多那段关于爱情的描述："一段好的感情关系，应该像真正的上师与弟子的关系：没有希惧，没有疑悔，笃定而又无有逼迫，自由而又不相舍离。"

而她和高逸峰之间的情感，恰是如此。

1990年，生于上海，从小随父亲下放在安徽长大的钟叶，在一个朋友聚会上认识了高逸峰。有缘自会重逢。半年后，上海第二军医大学在海口设立了医疗保健机构"海口康纳保健中心"，钟叶奉命派驻，她一下子想到了在海口的高逸峰。重逢后两人坠入爱河。

然而，这段纯真的情感遇到了来自钟叶家庭的重重阻力。家庭中带有着浓厚的国家机关干部基因的父母死活不同意女儿的选择。在他们看来，高逸峰的艺人身份和老上海人对安徽人的诟病，是女儿择偶不可逾越的两座大山。

所幸天高皇帝远，高逸峰和钟叶的情感生活并没有被棒打鸳鸯，而是潜入水底。只是没有料想，这一潜就是整整8年。8年，钟叶陪伴着高逸峰经历了从事业之巅滑落到谷底的惊涛骇浪，高逸峰的年龄也从29岁来到了37岁。

因为从来不过问高逸峰的生意，所以当大金元文化娱乐有限公司危机显现时，钟叶还浑然不觉。而身处风口浪尖的高逸峰害怕惊吓着女友，已经开始悄悄地"善后"了。他以自己"常年在外出差、生怕女友孤独、海口治安不安全"等各种理由劝说钟叶回到上海父母身边。回到上海后一个多月，钟叶在海口的一些衣服、鞋子等物品也被高逸峰一一寄回。细腻的钟叶顿时察觉不妙。此时电话中的高逸峰也支支吾吾欲言又止，更让钟叶疑窦丛生。

钟叶火速飞赴海口。眼前的景象令她大惊失色：仅仅相隔1个多月，躺在海口市人民医院病床上的高逸峰满头白发、面色苍白、一脸沧桑，俨然病入膏肓，"整个就是一小老头"。时至今日，当时的情景仍令钟叶心疼不已。

很多时候，一个动作，一个眼神，一句话语，都有着丰富的内涵，传递出意味深长的信号。"我们结婚吧"，钟叶轻轻的5个字，仿佛让病床上的高逸峰，看到了黑暗的隧道尽头的一丝亮光。

1998年年底，钟叶偷出了户口本，两人在海口领证结婚。

没有婚礼，没有婚房，没有车，没有亲朋好友的祝福，甚至连天气也是阴郁的。因为那天正是一个冬季的雨天，虽然气温也有10多度，但连绵的阴雨，令体感非常潮湿和寒冷，这是一年中海口最难受的日子。

新婚的高逸峰和钟叶一无所有，只有背负的300多万元债务。"远在远方的风比远方更远"。有一天，钟叶的脑海里突然涌出这一诗句，诗句作者曾是钟叶非常喜欢的安徽诗人海子。

这是海子写于20世纪80年代的一首诗——《九月》。当时它那充满神秘色彩和独具特色的语言构造，曾令钟叶感到十分难以捉摸，所以她更欣赏的是海子另一首代表作——《面朝大海，春暖花开》。然而，此情此景中，钟叶瞬间对"远方和风"有了浸入骨髓般的领悟。

2000年，钟叶怀孕了。在经济和生活的双重压力下，心灰意懒的两人决定离开海口这个伤心地。钟叶不得不回到了上海的父母身边养胎生子，高逸峰则去到合肥讨生活。两人由此开始了长达10年的两地分居。

10年分居，3600多个日日夜夜，这在旁人的眼中是那样不可思议。其实，其中更多的是一种无奈和无助。金钱，在高逸峰和钟叶的生活中曾经是从来无需担忧的东西，如今已是久旱逢甘霖般的渴望。当年，仅仅是车，他们就曾经拥有加长版林肯、经典虎头奔驰（俗称大奔）、凌志、凯迪拉克等五六台车。转瞬间，一切成为过眼云烟。

在砸锅卖铁还清了所有的债务后，高逸峰已是倾家荡产。在合肥这段讨生活的日子中，他推销过酒、卖过瓷砖、发过广告单、开过摩的、做过出租车司机……总之一句话，嗅到哪一行赚钱哪一行就能见到高逸峰的身影。

2009年，钟叶不幸身患疾病，要马上住院开刀，院方明确指令需要配偶签字。于是，高逸峰回到上海，回到了妻子的身边。

祸福相依。用钟叶的话来说"这场大病把高逸峰吓醒了"。终于有一天，高逸峰深情地对妻子告白："我再也不会离开你了。"

钟叶曾用三个"YI"来形容自己的心上人。

第一个"YI"是仗义。仗义的高逸峰，有着安徽人特有的豪放和义气。这是一把双刃剑，如果细细列出高逸峰生意受挫的原因，过于仗义自然也难辞其咎。

第二个"YI"是坚毅。坚毅的高逸峰，品质中蕴含着隐忍和不屈。这一生，高逸峰始终在对自己说："其实一直陪着你的，是那个了不起的自己。"

第三个"YI"是飘逸。飘逸的高逸峰，在 10 年两地分居期间，有时候会突然返沪半夜三更敲门。钟叶开门一看，只见高逸峰手捧鲜花，款款相视。"你说哪一个女孩子受得了这样的场景呢？那一刻，所有的怨言、不满、怒意……所有的情绪都瞬间融化了。你能想象这样一个不忘初心愿执手天涯、剑锋起闪出霜花的侠男，能有如此的柔情吗？"

人在身边，心在他方。这个世界上没有比妻子更加了解高逸峰的人。钟叶在一些日常的细节中敏感地捕捉到了丈夫的彷徨。"比如他有时说打发时光的吹箫解闷，声声箫曲中，别人也许听到的是古风委婉，我却闻到了苍凉和悲戚的气息。"

钟叶明白，高逸峰外表平静的背后，悄无声息地蕴藏着火山爆发般的巨大能量。这个男人需要释放，需要绽放，需要一个属于男人自己的舞台。

▶ 本色激情出演，他成为中国达人秀的人气王

天赐佳缘。就在钟叶为高逸峰的未来暗暗担忧的时候，东方卫视举办的《中国达人秀》节目开始报名。钟叶立刻鼓动丈夫重新站上舞台。她有这个自信，只要给丈夫一个舞台，高逸峰一定会绽放。而只有舞台，才能让高逸峰的笑容重现灿烂。

在妻子钟叶的陪伴下，参加东方卫视举办的《中国达人秀》

在 2010 年 8 月 22 日播出的那期《中国达人秀》节目中，当这位一夜白头的破产千万富翁登场时，回首往事，心头五味杂陈——那首《从头再来》。一曲终了，泪水沾满了脸庞。

从拥有千人的大企业到如今小小的包子铺，高逸峰的传奇人生经历令人唏嘘。

2010 年参加中国达人秀，催泪演出《从头再来》

观众沸腾。评委席上的 3 位评委也坐不住了。

评委好奇地问:"你唱这首歌与别人有什么不同吗?"

高逸峰答:"我对这首歌的感悟会比别人更深。"

评委追问:"你现在是带着一个娱乐城老板的心情来唱,还是带着一个包子铺老板的心情来唱这首歌?"

这一次高逸峰的回答更精彩:"我想现在应该是带着一个从短暂的辉煌,然后走上一个踏实人生的心情来唱。"

掌声如雷。

评委高晓松激动地说:"我叫你一声哥,你真的让我感到人生豪迈!"

掌声再次如雷。

评委伊能静以女性特有的敏感问钟叶:"先生遇到人生事业上这么大的挫败时,你是怎么陪伴他的呢?"

2010 年高逸峰和达人秀评委伊能静合影

钟叶平静地回答:"那段时间我经常鼓励他,人生起伏,如果有机会,你会重新站上舞台的,因为我觉得我先生是最棒的!"

这一回,掌声经久不息。

节目还没结束,网友们给高逸峰的留言就已经铺天盖地。甚至有网友要对其进行人肉搜索,希望查到高逸峰的包子铺地址,想亲口尝尝这个曾经的千万富翁做的包子的味道。一位网友在迅速开通的高逸峰贴吧中说,"跪求高大哥包子铺地址,就是坐飞机也要去"。

节目播出后,有不少娱乐行业的人找到高逸峰,想和他谈合作,并许以一定的股份,但是都被高逸峰婉拒。

此时的高逸峰已经不像过去那样,会给自己设定一个目标,定好今年扩张多少,明年多少,甚至什么时候上市。他觉得最好的人生就是"顺其自然,脚踏实地"。高逸峰说:有位企业大咖说得好:不是你能做什么,而是考虑你该做什么。我觉得我该做的就是两件事,一个是我喜欢的舞台,如果还有这个条件,就在这个舞台上多站一段时间;还有一个就是做我的包子,能做多大就做多大。"

高逸峰开包子铺,源于一个偶然的机会。因为妈妈是重庆人,有一次妈妈的亲戚说起了自家做的麻辣包子味道很不错。言者无意,听着有心。高逸峰打起了包子的主意。

在问亲戚拿到了独家的配方后,高逸峰在合肥的三里庵西园路,开了一家名为"高福记"的包子店。这是高逸峰开的第一个门店，选址一般，面积仅有 17 平方米。连他自己只有 3 个人，"虽然每天要做 1000 多个包子，一个月挣不到 2000 元钱，但就此告别了东奔西走的推销生活，还是感觉很踏实。"

开始"主要先用来练手"。两年后，自感羽翼丰满的高逸峰将门面迁址机场路，专门搞起了冷冻包子礼品包装，做起了包子批发，渐渐地赢得了口碑。

2009 年，高逸峰研发的包子保鲜制作工艺获得了国家知识产权局授予的专利证书。由此打开了局面。

在经营包子铺的生意中，高逸峰琢磨出了很多道道：水不能太烫，否则会将酵母"烫"死失去"活性"；面团太干，蒸出来的包子会太硬；包子蒸好后不能马上揭盖，否则会"泄气"……

在成为做包子的一把好手后，高逸峰也慢慢从中悟出人生的滋味：太快太猛烈地给包子加温，会影响口感。好比人的精力有限，火山爆发般释放后，后劲不足，难以为继。太慢太小的火，则温柔有余，火力不足，包子还没熟，火焰就熄灭了，馅也只能是一个半成品。

拥有恰到好处的火候，源源不断的动力，更重要的是坚持和耐心，人生的马拉松又何尝不是如此呢？

包子给高逸峰带来商机，更给他带来自信和信念。

2011 年 7 月 10 日，《中国达人秀》第二季年度盛典梦想之巅在上海八万人体育场举行，高逸峰豪迈放歌《向天再借

500年》，释放心声："做人一地肝胆 / 做人何惧艰险 / 豪情不变年复一年。"

这一年，高逸峰任上海实在高餐饮管理有限公司董事长，他在上海的连锁包子店达到了20多家。

▶ **铅华洗尽，提供免费午餐的创业导师**

一场《中国达人秀》，让高逸峰吸粉无数。接着，央视一套、三套、四套和七套，以及北京、上海、河北、湖北、云南、吉林、辽宁、黑龙江、山西等卫视的邀请纷至沓来，高逸峰与全国观众分享自己创业的心路历程。

一场《中国达人秀》，也让高逸峰东山再起。高逸峰创立的餐饮公司也发展成为餐饮集团公司，在线下门店突破100家

高逸峰参加凤凰卫视《鲁豫有约》

大关后，迅速扩大到了 350 家。随后，餐饮品牌从实在高包子 1 个品牌发展到包大祥馄饨、吾煎道生煎、飞机侠便当、付小健麻辣烫、许愿茶饮 6 个品牌。

高逸峰频频活跃于餐饮业、食品业、互联网电商、短视频直播新零售等领域，拥有了企业主、企业顾问、品牌策划人、创业导师、天使投资人等多重身份。

曾经沧海。对于生意场上的得失，高逸峰已不再那么在意。如今的高逸峰，对自己身份最为看重的是创业导师。

自从受到媒体追踪，得到大家关注后，在高逸峰的微博、微信、公众号等自媒体后台留言中，每天都会收到大量全国网友的来信，有网友说："高大哥，中国不缺包子大王，你在我们眼里不仅仅是一个老板、一个名人，更应该成为我们这些经历起伏的人的人生偶像，正能量的标杆，你不仅是为自己活着，更应该为大多数，想创业或创业失败的兄弟姐妹们活着，

受邀英国保诚，在香港国际会展中心，高逸峰激励演讲《梦想和坚持》

你是我们这些人的精神领袖……"另一位网友说："我们这帮人都是有胆量有智慧的苍鹰，只是不慎折了翅膀，希望高哥能带着这帮曾经的好汉重整雄风"。

高逸峰的创业讲座，没有空话，没有套话，也没有鸡血，更没有深奥的理论。他从自己的亲身经历，到大家耳熟能详的著名企业家案例，深入浅出，从发散到归纳，既通俗易懂，又振聋发聩。

钟叶偶尔有一次听了高逸峰的讲座之后，也大惑不解："我和你在一起近30年了，给我的感觉一直是个有行动但是个嘴挺笨的人，什么时候你变得这么会说话了？"

高逸峰笑答："不是我木讷，只是缘分未到。"

事实上也确实如此。"当你身居高位，看到的都是浮华春梦；当你身处卑微，才有机缘看到世态真相。"对于杨绛的这句话，还有谁比高逸峰领悟得更深呢？这是历经时间沉淀的商业智慧和人生感悟。

创业者、企业界人士也纷纷点赞，称"高老师讲座的精彩之处就在于都是干货，非常接地气"。

我们不妨聆听两段。

关于对大成功者的共性概括，高逸峰是这样总结的，有十条：

1. 极强的好奇心
2. 持续学习
3. 超强的自控力

4. 巨大的野心

5. 极强的抗压能力

6. 人脉广泛，善于社交

7. 杀伐果断，超强的执行力

8. 不好面子

9. 迷之自信

10. 不找借口

可以说，十条共性言之有理，娓娓道来中令人信服。

我们再来看一下高逸峰对于创业心态的表述。

高逸峰当年一起在海南创业的朋友中，有老板做不下去回到舞台上唱歌的；有受不了压力染上毒瘾的；还有的不但自己没朋友，心态也不好，脾气也变了，最后忍受不了跳楼自杀的。

"如果你创业，除了要选择一个不易死掉的行业之外，一定要问问自己是否做好了接受挫折的心理准备。市场中有很多不确定因素，谁也不能保证一定成功，一定要有摔倒了爬起来、再摔倒再爬起来的心理准备，一定要有做孙子的心理准备。因为每一位爷都是从孙子过来的。"

最后一句话引来哄堂大笑，这是心领神会的会意之笑。

其实，身为他人眼中创业偶像的高逸峰，也有自己的偶像，巧的是那也是一位安徽老乡，他就是大名鼎鼎的史玉柱。

高逸峰有一套反败为胜的理论，创业从 0 到 1 非常难，从 -10 到 +10 就更难，从 -50 到 +50 难上加难。而在高逸峰的眼中，自己仅仅是从 –10 到 +10，史玉柱则是从 –80 到 +80 的那一位，是一个不可思议的 N 形人生。

几乎所有能叫得出名号的企业家都有一段轰轰烈烈的故事，褚时健很精彩、任正非很精彩、董明珠很精彩……但是若论故事的传奇性，最精彩非史玉柱莫属。从 27 岁 4000 元起家到全国排名第八的亿万富豪，从一夜之间负债 2.5 亿元到借脑白金、网游东山再起，史玉柱无疑是中国 30 年来最具传奇色彩的商业巨人之一。

高逸峰爱读的书很多，特别是那本《史玉柱自述：我的营销心得》更让他如数家珍：

"就像我的创业人生一样，书中的经验、策略都是史玉柱交学费交出来的，只不过这样的学费没有几个人能交得起。"

关于学费，也是高逸峰创业讲座的一大亮点。他说，因为成功者很难复制，失败者的教训也不尽相同，但是它可以提醒我们规避失败的陷阱，大大提高成功的几率。向失败学习，因为这是你的免费午餐。

在各种创业导师的讲座中，高逸峰被问到最多的一个问题是：从巅峰到低谷，你是靠什么走出那段黯淡日子的？

高逸峰则借用电影《喜剧之王》中张柏芝和周星驰的那段经典对话来回答。

飘飘："看，前面漆黑一片，什么也看不到。"

天仇："也不是，天亮后便会很美的。"

台下一片寂静。蓦然响起由衷的掌声……

▶ 紧跟时代步伐 冲浪互联网

对新事物极具好奇心且有着超强学习力的高逸峰，2013年就有意识地参与并投入到互联网的赛道中，和年轻人一起冲浪。

近几年，在直播短视频领域，凭借其强大的个人IP及直播领域的超强流量，高逸峰多次受邀参与县长、市长的直播带货，被多个地方政府授予"扶贫助农大使""爱心扶贫大使""直播大师"等荣誉。通过明星公益代言人的影响力，赋

受安徽省六安市舒城县人民政府邀请，和县长一起助农直播《抖来喝茶》

高逸峰受中国互联网电商 30 强企业嗖嗖公司的邀请，出任公司高级副总裁（VP）

能特色农产品，振兴乡村经济。

同时，高逸峰还参与主编了直播电商专业教材《直播电商运营师培训教程》。

2020 年受中国互联网电商 30 强企业嗖嗖公司的邀请，高逸峰出任公司高级副总裁，加入公司核心团队，为公司的快速发展起到了巨大的作用。公司在全网应用商城的下载量从 6000 万提升至 1 亿+，收益提高了 150%。

互联网同行们感叹：老高花甲之年，还能在互联网公司担任高管，拿高额年薪，在行业内少见！

高逸峰说，永远让自己保持活力和健康的动力在于：跟上时代，做喜爱做的事，爱自己所爱的人，帮助需要帮助的朋友，把短暂的人生过得丰富多彩。

许鹏飞

中共党员，1982年8月出生，安徽淮北人。2004年毕业于解放军装甲兵学院，后至原38集团军服役。2009年转业至上海市某中级人民法院，先后任助理审判员、审判员，十年法官经历，在位期间审判2000余案件，曾荣获"一中天平奖""军转办案楷模""法院嘉奖"并获赠锦旗多面，其中双方当事人联名锦旗两面。2020年6月离职至上海市海华永泰律师事务所任高级顾问、疑难案例研讨委员会主任。

自立自强勤奋斗　脚踏实地敢追梦
——记上海市海华永泰律师事务所高级顾问
上海市安徽商会常务副会长许鹏飞

十年军旅生涯，磨砺意志，百炼成钢。十年政法洗礼，秉公断案，不偏不倚。而今走到不惑之年，许鹏飞已经开始憧憬自己的下一个十年，要让更多徽商尚法，为全社会普法。

回忆起自己艰辛的成长道路，这个从农村里走出来的放羊娃，竟一度哽咽。他从来不相信命运的安排，他坚信改变生活唯有靠自己。

一路上，他始终脚踏实地追逐梦想。未来，还有很多未知等待着他去探索，还有很多梦想等待着他去实现。

▶ **出身贫寒，立志要成为父母的骄傲**

许鹏飞出生在安徽淮北的一个普通农村家庭。那是一个位于山坳里的村子，叫黄里村。相传早在秦朝时，就有了"黄里"这个名字，已绵延千余年。村里盛产软籽石榴和八斗杏，这些都是曾经进贡清廷的佳品。然而这个历史悠久的村子却并不富有。八零后的许鹏飞从小没有上过幼儿园，童年最深的记忆，就是跟着爷爷在山里放羊。

羊群攀上山头，他就跑着去撵，爷爷则乐呵呵地坐在山底下，悠哉地抽着旱烟袋，读着竖版《封神榜》。童年的许鹏飞就这样每天跟着爷爷在山谷里跑，赶着羊，踏着泥。村里的孩子们也总是聚在一起玩，乡间的小路上也总是回荡着欢声笑语。

度过了无忧无虑的童年时光，很快，到了上学的年纪。七岁那年，许鹏飞第一次踏上了上学的路。小学就在离家不远的村头，教室是透风的瓦房，没有专门的课桌，甚至连平整的水泥地都没有。到了冬天，北风呼啸而过，用塑料布封上的窗户被吹得啪啪作响。大家从家里搬个大椅子，抱着木墩子，就当作课桌和书椅。

挎上装满书本的军用书包去上学，许鹏飞高兴坏了。临行前，母亲把他叫到跟前，"在学校里，你就进教室坐着，只要眼睛盯着老师的嘴巴，老师说到哪里，你就学到哪里，一定能学好。"

许鹏飞使劲点了点头。他把母亲的话牢记在心，边听边记，老师的话总能入耳入心。在他的小屋子里，三好学生奖状贴了一墙。

父亲是村小学教师，母亲是普通农村妇女。家里的收入来源主要靠父亲微薄的工资和土地上的收成。每年麦芒假，许鹏飞都会跟着家里人在地里割麦子，四点多起床，到日落才能收工，一干就是两个星期。一笼笼的麦子最后被板车运走，留下母亲肩膀上晒出来的红彤彤的水泡。从那一刻，他开始明白，自己虽是家中的独子，深受宠爱，但在这样一个贫苦的家庭里，自己要背负起家庭的期待，扛起家庭的重担。

从小，母亲就语重心长地告诉他，无论什么时候，都只能靠自己。"也许和我一起长大的小伙伴们有当村长的爸爸，有在矿上工作的家人，他们哪怕学习差一点，还有弥补的机会，但我知道我没有，没有人能帮我，要改变命运，只能靠自己。"许鹏飞默默告诉自己，做什么事，都要尽可能做到最好，要争第一。只有这样，才对得起自己，对得起父母。父母因为自己优秀而骄傲的笑容，就是他奋斗的动力。

条件艰苦，生活不易。许鹏飞回忆说，童年时一年都吃不上几回肉，每天家里的伙食就是粥、馒头、豆瓣酱、红薯、米汤。日复一日，年复一年。有时地里有新鲜的萝卜或者茄子，也会摘来炒个蔬菜，但也只是偶尔。

小学期间，村里学校的孩子们还作为山区贫困儿童，成为了市里学校的捐助对象。他清楚地记得那个早晨，自己站在村口，脖子上挂着花环，列队鼓掌，大声喊着："欢迎欢迎，热烈欢迎。"当乡里的领导，市里的老师和学生们递来新的文具、衣物、书本，他的内心却很不是滋味。"我觉得这不是我自己挣来的，我不想要。"从那以后，在许鹏飞的内心里，刻下了一生的格言：自尊自信，自立自强。

▶ 严师严父，棍棒之下懂得感恩学会自立

整个小学生涯里，许鹏飞最怕的是父亲。"虽然疼我，但也真下狠手打我。"在同一所学校里，父亲是老师，儿子是学

生，这对父子总是上演"相爱相杀"的故事。他说自己小学里最害怕的事，就是有同学跑来对他喊："许鹏飞，你爸叫你去他办公室。"这时，他多半会浑身一哆嗦，战战兢兢的，迈不开腿。

三年级时，有一天父亲在上午的数学课上布置了一张试卷，要求同学们中午完成，并在下午做讲解。那是个闷热的中午，燥热的天气让人昏昏欲睡，村里的大广播里滚动播放着经典的黄梅戏《天仙配》，许鹏飞只觉得耳畔嗡嗡作响，回到家趴在桌上就睡了过去。醒来一看，已到了上课时间，便随手抄起试卷，匆匆赶到学校。

"试卷都做完了吗？"父亲在讲台上问。

台下，同学们纷纷举起了右手。许鹏飞四下张望了一番，又偷偷瞄了一眼父亲的表情，颤颤巍巍地把右手举了个半高。

"许鹏飞？你做完了吗？"父亲追问道。

"我……我做完了。"回答的声音有些微弱，有些发颤。

父亲转过身去，在黑板上写下了几个公式，一边说，第三排的同学，把做完的试卷拿上来给我检查一下。

许鹏飞把头埋在了衣服里，那一刻，坐在第三排正中央位置的他，恨不得找个地洞赶紧钻进去躲一下。看着同学们纷纷起立上去交卷，他鼓起勇气，也拿起白卷交了上去。

"你不是说你做完了吗？"父亲见到一张白卷，脸上立刻阴沉下来。他一下子抄起了讲台上的报夹啪啪朝着许鹏飞的脸上就是两下耳光。紧接着，又飞起一脚直接把儿子给踹到教室外边。这一幕活生生出现在眼前的就像是电影里功夫戏般的场景,把全班的同学们都给吓傻了。

此刻,闷热的黄梅天,下起了瓢泼大雨,就像是在为许鹏飞落泪。

"你今天就是手指头蘸着水,也要把卷子给我写完!"父亲怒目圆睁,说完之后,转身进教室继续上课了。转念一想不对,他生怕儿子在教室外没办法听课,又把他拽了进来。"跪下!"许鹏飞穿着一条短裤,跪在坑坑洼洼的泥地上。坑里面的都是小石子,把两个小膝盖磨得红红的。他手捧着试卷,面对着讲台,跪着听完了40分钟的课。下课了,父亲头也不回地走了,许鹏飞艰难地站起来,只觉得双脚发麻,膝盖上沾满了小石子,皮早就给磨破了。

暑假前的最后一次返校,不像平时一样上下课,同学们都跑到走廊尽头,蹦着跳着拽上课铃玩。那是一个像撞钟一样的大铃铛,中间荡着一根绳。大家摇着绳子,"铛铛铛、铛铛铛"的铃声,响彻校园。许鹏飞在一旁羡慕地看了很久,好奇的他也想试试。等同学们都跑开了,他也去试着拽了一下,然后像做了坏事一样,低头赶紧离开了。

铃声吵到了学校老师午休。父亲第一时间找来了几个同学,问是谁打的铃。人群中,有个孩子低声说,"许鹏飞也打了。"当时许鹏飞正在教室里坐着,就听着有同学进来喊,"许鹏飞,你爸叫你去他办公室。"

"你打铃了吗?"父亲又一次投来犀利的目光。

"我没打。"

"同学说你打了。"

"我就摸了一下铃绳。"

对话到这里结束。父亲让办公室里的孩子们都离开，接着抄起鞋底对着儿子又是一顿暴揍。

许鹏飞说，自己和父亲在同一所学校，非但没有因为这层关系得到些许的庇护，相反父亲好像总是拿自己做反面教材，把所有的责罚都给了自己，"杀鸡儆猴"给同学们看，让他们不再犯同样的错误。但他心里明白，父亲所做的一切，其实都是对自己深沉的爱。也许这份情感不那么容易表达出来，也正是因为爱之深、责之切，让他从小就懂得珍惜、懂得感恩、懂得自立。

在学校里，父亲是严师，在家里，父亲是一位严父。盛夏，村里孩子们的一大乐趣就是去树上抓知了。那天许鹏飞一进家门把书包随手一扔，就跑出去抓知了。第二天天还蒙蒙亮，起床晨读的许鹏飞却发现自己的书包不见了。想了半天，好像是扔院子里了。父亲指了指墙根的大黄狗，嘴里好像正撕扯着书本。

"跪下！"父亲从废弃拖拉机上拆下了带着三棱角的传送带，照着许鹏飞的屁股就抽了上来。一下、两下、三下，许鹏飞回忆说，他已经不记得当时父亲打了多少下，只记得从生疼到后来变得麻木，失去感觉。直到上厕所时同学投来惊诧的表情，他回过头来才看到自己屁股上一圈一圈青得发紫

八皖来风 沪上徽商访谈录

的淤青。

▶ 坚持苦读,发奋图强改变命运

初中,要去更远的村子上学。骑自行车单程也要40分钟。每天天不亮,许鹏飞就骑着自行车出门了,穿越一片片田野,走村过户,上桥跨渠。下雨天,雨点拼命拍打着雨披,斜风把雨披吹得老高,甚至连车都被吹得倾斜30度,很快,浑身就湿透了。路面变得泥泞不堪,没骑出多久,还得下来戳去车轮里的泥巴。这一路,磕磕绊绊,到了学校,浑身都湿漉漉、脏兮兮的。大冬天,冷冽的寒风吹来,像一根根针,直直扎进了骨头,眉毛和头发上,挂上一层薄薄的白霜。

起初,因为负担不起学校食堂的伙食,每天中午还要回家午休吃饭,后来,为了争取更多的学习时间,许鹏飞每天早上会把一个白馒头塞在书包里,等到了中午,同学们都回家吃饭了,他就掏出凉馒头,到学校门口的一家小吃店里点一碗2毛钱的面筋汤就着吃,馒头往汤里一泡,一顿午餐就这样匆匆解决了。节约下来一个多小时的时间,他就把自己关在教室里看书学习。

一天中午,许鹏飞走在街边,就掏出包里的凉馒头先嚼了起来。吃着吃着,他觉得这天的馒头有点怪味,是放的时间久了吗?可明明是早上从碗柜里拿出来的,同往常也没什么两样。他寻思着又猛吃了一口,直到咬到了中间部分,他才看明白,馒头的中间有个大窟窿,当中还有一颗老鼠屎,他有些作呕，吐掉了口里的，也扔掉了手里的。事后他回忆说，家里的碗柜一定是被老鼠光顾了，自己一天的主食，最后成了这副模样。这天，他没有去店里喝汤，走回学校的一路，他使劲抹着脸上的泪，可眼泪还是止不住地往下掉。

"我一定要走出来。"他在心中默默给自己立下了"军令状"。

但想要走出来，并不容易。他说，只有比别人多学，才能比别人学得更好。他不相信天赋异禀，却笃信勤能补拙。

苦学路上，也有贵人相助。小吃店老板娘看许鹏飞每天带着凉馒头来，匆匆吃了就走，也投来关心的目光。"小伙子，你这馒头太凉了，这么每天吃对身体不好。要不这样，你每天早上就把馒头放在我这，中午我给你热热，你再吃。"

之后，许鹏飞就会每周拎一兜子馒头放在小吃店里，每天中午，老板娘会把馒头热好，再端上一碗热汤。腾腾蒸汽扑面而来的一刻，许鹏飞感到特别暖和。直到今天，每当有机会回家，他必定会去看看那位老板娘。也许当年这点小小的恩惠，打开了他内心的一片温润世界。

就这样又坚持了一年多，父亲和他说，"你还住学校里吧，这样路上就少辛苦点，留在学校里也能多点时间学习。"

初三，许鹏飞每天把自己的闹钟调到早上4点半。"叮叮叮……"闹铃声打破了夜的沉寂，他赶紧用被子把闹钟捂住。此刻，整个宿舍里鼾声如雷，大家都还在梦乡里。"我到底要起来吗？"许鹏飞也曾很多次这样问自己，"如果我不起来，我凭什么比别人优秀，比别人学得好？"想到这里，他把那些想睡觉的念头都抛到了脑后。寒冷的冬天，他蹑手蹑脚地钻出被窝，走出宿舍，轻轻合上门，走到走廊尽头的水龙头前，用冰冷的水狠狠拍打自己的脸，冲醒自己，清醒后便夹着课本向教室走去。黑咕隆咚的校园里只有一个教室的一角亮着一盏灯，许鹏飞就坐在那里，面前是一本本厚厚的题集。晚上，当同学们纷纷上床休息时，也只有他，还在那里苦读。

许鹏飞初中时有一个笔记本，第一页里写着这么一句话，"拼搏不显殊，安有硕果成。"他就是这样激励着自己，比别人多学点，再多学点。

就这样，他成为学校有史以来第二个考上淮北一中（当地唯一的省重点）的学生，从此也在村里出了名。作为考上市里学校的独苗，许鹏飞为父母争了光，他明白，既然已经来了一中，今后必须考上大学，给自己一个交代，给父母一个交代。

在高手如云的淮北一中，许鹏飞坚持勤学苦读。不同的是，当年每天带的馒头成了鸡蛋，一天的生活费也"涨"到了5元。

不过，条件依旧艰苦。他说，有个同学每天给他带一瓶健力宝喝，当他有一天得知这瓶饮料要4.5元时，他就再也没有喝过。

虽然高中排名不再数一数二，但是和更多优秀的同学一起学习，让许鹏飞得到了成长。

▶ 选择军校，要为家庭扛起责任

临近高考，在饭桌上和父母聊起即将到来的高考。母亲说，等儿子考上大学后，就去买一辆三轮车，在村里卖水果，做点小生意。听到母亲的打算，许鹏飞的心里挺不是滋味。在那个大学已经自费的年代，家里无力负担起一年4000元左右的学杂费用。

"我去读军校吧。听说军校不收学费，而且还有补贴。"许鹏飞脱口而出。

"你能考上吗？"

"不试一下，怎么知道？"还没来得及放下手里的筷子，许鹏飞就开始搜起了各个军校的信息，"我向往的是北京，要不就选这个？"他的手指点向了招生信息册里的一个学校：解放军装甲兵工程学院。

这个位于北京丰台区的军校属于提前批次录取，高考达到分数线的学生需要去合肥（安徽省城）参加面试。

背起行囊，许鹏飞和父亲一起踏上了去合肥的火车。这是他人生第一次走出淮北，火车一路南下，他第一次见到了水牛和稻田，见到了淮河以南鱼米之乡的模样。

面试当天，解放军装甲兵工程学院和蚌埠坦克学院在一起进行面试。许鹏飞看到身边的同学们一个个进屋，又一个一个走出来，心里总觉得缺少点什么。等面试官喊到他的名字时，他一个箭步走到门前，脚后跟用力一磕，"报告！"几位面试官都笑了，他们说，这是面试三天以来第一个进屋喊报告的同学。

面试的过程很顺利，离开考场以后回到宾馆，许鹏飞和父亲说，"不行，我还要再去找一下最后面试我的面试官，我还想和他单独汇报一下。"看着父亲疑惑的表情，许鹏飞二话没说，就跑了出去。他打听到了对方所住的八一宾馆位置，独自坐着公交车，就找了过去。敲开了面试官的门，对方一脸惊讶。许鹏飞解释了来意，很诚恳地向面试官说了自己的想法。"白天我说我有一个绿色的梦想，我想当兵，这是真的，但不是我最彻底的想法，发自内心来说，我就是想考一个好大学，不要给父母增加经济压力。我是农村来的，我能吃苦，听说部队很苦，但我有思想准备，我相信自己一定能够坚持下来。"许鹏飞和面试官在屋子里聊了很久，末了，两个人的眼圈都红红的。面试官把他送到门口，紧紧握了握他的手。"我也是农村人，我喜欢接农村的孩子，他们到了部队能够更快适应，不容易当逃兵。虽然你的成绩不是最高的，但我希望你能成功。"

回家后不久的一天晚上，许鹏飞突然接到了村委会有电话的消息。

"许鹏飞你被录取了，来合肥拿录取通知书吧。"电话那头传来的话让他愣住了，足足有5秒钟，他没有说话。

"喂喂喂，你还在听吗？"

"啊，在，在，我听着呢。"那是他人生中最快乐的一天，这一夜，他失眠了。

▶ 十年熔炉，淬炼一身"钢筋铁骨"

进军校，完全是人生的另一番境界。

当时还留着偏分发型的许鹏飞，入校第一件事就是剃了板寸。第一个月没有文化课，全是军事训练，不能给家里打电话，不能写信，只有训练、训练、训练。

踢正步，三节头皮鞋很硬，一天下来，脚后跟磨破了，血液粘住了袜子，又干了，连袜子都脱不下来。扯下袜子，同时也是在撕下一小层皮。匍匐前进，手、肘、髋，在洗澡时都能把水给洗红。为了使行军时手拍木枪托能掷地有声，空下来就拿武装带抽手，再用手使劲拍地板。很快，手变得粗糙了，老茧磨出来了，拍枪托时也不会那么生疼，做动作也不再扭扭捏捏。晚上，紧急集合号有一次拉了八回，这一夜，就在号声里度过，第二天又是早起正常训练。

那种英姿飒爽的刚毅和果敢，也许在外人看来就是一个简单的动作，背后却是千百次的打磨。有教官这么训话："进了军校的大门，你们就是军人，之前那些所谓的棱角，都要磨平了，揉碎了。"

吃得苦中苦，方为人上人。许鹏飞心中暗念，这样的苦都吃过了，还有什么苦吃不得呢？

四年军校，全程军事化管理，许鹏飞从一个普通青年，成长为一个军人。苦虽苦，但授衔的那一刻，挂上红肩章，压低帽檐，内心就是无比的自豪。"这太平世界，也有我的一份功劳。"

毕业后的许鹏飞进入了原38集团军驻京某装甲团任排长。部队演讲比赛，拿过全团第一、全师第一名；团里有演出，他就是节目主持人的不二人选；因为优异的表现，他从排长直接跳级，升任指导员、党支部书记。在指导员的位置上，集团军政工干部比武中，他又获得集团军第三名，授课光盘被当作授课模板分发。

从小喜欢孙子兵法的许鹏飞，还把自己书里读到的东西，融入了军事演习。当演习攻击目标下达后，他把连队分成了几个小组，有迂回、有包抄、有主攻、有佯攻，声势浩大。站在山坡上的参谋长也对他颇有章法的进攻连连称赞。

一切顺风顺水，许鹏飞在部队里，实现着自己的价值。而并不"安分"的他，又有了新的想法。"如果是在战争年代，我一定不会想着脱下军装。但在和平年代里，也许没法实现我心中想要的精彩。部队的生活就是日复一日、有规律性的重复，这和我的性格也并不是十分契合，趁着年轻，不如变轨试试？"经过激烈的思想斗争，许鹏飞最后递交了转业申请。还不到30岁的他，才刚刚升任指导员不久，很多人都对此不解，但他心里知道，自己想要的是什么。

几经周折，许鹏飞的转业申请最后得到了军区领导的批准。元旦前，别的转业干部都回家了，只有许鹏飞还在坚守。直到春节过完，他才拿到批复。

十年军旅生涯，淬炼了他一身"钢筋铁骨"。不论是身体，还是精神，他都无比刚强，做事果断、坚定。背起行囊的那一刻，他落下了男儿泪。部队生涯已经成为过去时，他挥了挥手，抬头望了望湛蓝的天空，也许，是时候开启一段新的旅程了。

▶ **从零开始，踏上陌生土地开始新征程**

跟着妻子的户籍地，他最后选择转业到上海。这是他第一次来上海。

2009年4月10日，和谐号列车停靠在上海南站。人群之中，有一个安徽青年，穿着一身不戴军衔的军装，背着一个迷彩背囊，健步走出车站。鳞次栉比的高楼大厦，川流不息的车流人海，还有那在钢筋水泥上照得有些刺眼的阳光，让他觉得陌生和茫然。新的旅程已经开始，未来都要靠自己创造。

他仿佛又回到了原点。在上海南站出站口，他还拍了一张照，照片背面写着"从零开始，路在脚下"。

出站后第一件事，是去找房屋中介。此时妻子已经怀孕，许鹏飞要靠着每月2000余元的转业收入先在上海找一个落脚点。几经辗转，最后在元江路附近找到了一套三房两厅110平方米的房子，月租金1800元。就这儿了！他没有犹豫就交了钱，一周后，妻子挺着大肚子来上海，就此安了家。

"住的地方尘埃落定，但工作还在空中飘着呢。"在这个陌生的城市里，许鹏飞不知道，自己要去哪里就业。他详细了解了军转干部的安置方案，还在军转干部论坛上，发表文章和大家互动。很快，"犇犇牛"这个网名成了军转干部里小有名气的"网红"。

深入了解政策后，他把自己的简历提前做好，还特地把往年接收军转干部的部门都拉在了一张清单上，挨个打电话给人事部门自荐。这一招还真的有效，市委宣传部在接收简历后，就安排上海大剧院邀请他去面试，可倔强的许鹏飞婉拒了对方的邀请。

"学而优则仕，说实话，我就想去公务员系统，我想当官。"他的话很实在，这是他从小刻在骨子里的想法，靠自己的努力，改变命运，出人头地。

在军转干部双选会上，他把简历几乎送遍了每一个招聘单位。"老师您看，合适您就要，不合适就算了。"每个柜台里，他都留下这样一句话。他说，这是最高效的海投方式。

很快，他收到了上海市第某中级人民法院抛出的橄榄枝。

"是什么岗位？"

"司法警察。"

"是公务员吗？"

"是。"

"今后有机会做法官吗？"

"只要你考出司法考试，就能。"

许鹏飞就问了三个问题，便决定去该中院工作。2010年的元旦假期刚过，他便开始了全新的工作。

刚开始，因为业务不熟悉，许鹏飞的工作并不太多，他想着考过司法考试就能做法官，就拿出了读书时的那种苦学精神，从网上下载各种资料自学。与他一起转业进该中院的六个军转干部中，有五个同事都没有通过司法考试，大家就聚在一起，有的选择去报辅导班进修，力求再实现司法梦想。许鹏飞既没有报班，也没有进修，他向同事借来了上课的资料，每天给自己灌输这些知识。上班途中，他戴着耳机在地铁车厢里听讲解；下班以后，他又把自己关在办公室里，一直等到能赶上末班地铁才离开；甚至连提押还押犯人的途中，他的耳机也没有闲着。只要一有机会，他就不会错过让自己接受知识的机会。

不到半年的时间，他把摞起来足有半个人高的书都给翻了个遍，临考前，又用3天时间把7天的冲刺班课程全部听完。司法考试结束了，许鹏飞成了当届该中院唯一一个通过考试的军转干部，他兑现了自己当初的承诺——从法盲向法官进军。

许鹏飞是大家眼中的学霸。而用他自己的话说，他就是尽可能比别人多学一点，先把书读薄，再把书读厚。"翻第一遍厚书，把重点画出来，然后一遍一遍消化那些圈出来的内容，圈出来的内容越来越少，直到最后全部通关，最后，要让知识成体系，要理解为什么这样谋篇布局，这样有纲有目，书又读厚了。"

一路走来，强大的学习能力始终为他保驾护航。哪怕是后来司法改革实行员额制，他被要求重新考试、面试，他也很轻松地又一次顺利通过。

▶ 法官之路，实现仕途却仍想追求更大价值

通过司法考试，又通过初任法官的遴选和面试，2011年，许鹏飞如愿成为一名初任法官，并被安排到上海某区法院刑庭任助理审判员。

在刑庭的大半年，他把两本厚厚的《最高人民法院司法观点集成刑事卷》全部读完了。这让他有了更多的底气，在和身边同事讨论司法判决时，他也能深入沟通交流，而不只是站在一旁静静地聆听。罚当其罪，简简单单的四个字，却值得很多人花一辈子去追索。

2019年双方当事人联名送上锦旗

在民庭的三个月，他又想着从不同的角度入手，尽可能进行调解撤诉。"可能我当时在部队里，每天对着战士们做思想政治工作的经验，在这时候起到了作用。"他笑着说，面对着当事人，他得一边熟悉着审判规则，一边也摸索着如何更高效地和他们打交道。

回到中院任法官后，有一次面对一个建设工程合同的案件，他通过溯源当事人双方的合作关系和合作历史，分别找两方进行谈话。今后的业务还要挂钩，展望未来，这样一场官司对于双方而言，无疑是双输的局面。在许鹏飞的调解下，双方顺利达成了和解，还约定要继续合作。那天晚上7点半，许鹏飞加班加点把和解方案做了出来，得到了双方满意的笑容。不久后，双方当事人联名送上了一面锦旗。

十年间，许鹏飞共审判2000余案件，曾荣获"一中天平奖"、"军转办案楷模"、"法院嘉奖"等诸多荣誉，当事人送来的锦旗，占满了一面白墙，其中还有两面是双方当事人联名赠送的……许鹏飞在政法系统里，又闯出了一番新天地。

然而即便拥有了这光鲜的一切，他还是按捺不住自己"躁动"的心。

审判的价值在哪里？十年法官生涯中，他一直在思考着这样一个问题。一份有创新性、有说服力的判决书能够彰显判决智慧，能够化解社会纠纷；一个优秀的判例，会成为后来人的参考模板，但是站在居中裁判者的位置，他只能不偏不倚，根据证据和法条作出裁决，却没有太多办法真正参与其中，帮

2018年在审理案件中

助那些弱势群体。

"我明白，作为弱势群体，请律师是不容易的，举证也是不容易的。很多时候，弱势群体说的就是事实，但却没有证据；而强势的一方，却振振有词，可以通过严丝合缝的证据链，将另一方打得体无完肤。比如套路贷，在发生初期刑事还没有能够大面积干预的时候，根据合同法的有关规定，贷款一方的所有证据与司法解释环环相扣，让借款人找不到任何漏洞。但移送刑事又不受理，真的是爱莫能助。"许鹏飞说，站在法官的位置上，必须依靠证据进行采信，有那么几次，在作出判决的那一刻，他感到很压抑。因为他不能伸出援手，无法伸张正义。

▶ 下个十年，要打造"企业尚法联盟"

在这个被动型司法体系里，他想用自己的力量主动出击，参与到法律一线中。

于是，许鹏飞下海了。2020年6月，他离职到上海市海华永泰律师事务所，任高级顾问、疑难案例研讨委员会主任。

这个决定很艰难。他抛弃了看起来前程似锦的工作，为了理想，成为一名律师。他说他有更大的理想，就是要做普法教育，唤醒人们的法律意识。

在商会会议上，他反复提及，要倡导企业家学法懂法，有法律意识、忧患意识。"当你经营企业的过程当中，如果法律忧患意识不强，可能会面临辛辛苦苦几十年，一纸合同签回解放前。长时间的财富积累，会因为在法律上的一个疏忽，荡然无存。相反，如果企业在合法合规方面做得很健全，那一定

2022年上海市安徽商会法律顾问授牌

能走得四平八稳，行稳致远。"

他总是抓住机会，在与企业家的座谈中，提及一些基本的法律知识。"比如，企业在借款签连带保证责任协议时，有企业的担保和盖章，是不是真的出借钱款就安全了？事实上，如果打起了官司，还真的不一定。因为根据最新的法律规定，公司担保要经过股东会开会决议。如果企业家有这个意识，哪怕只是知道这件事，多一个心眼，拿到了股东会决议，那担保就是有效的，否则的话，资金安全就可能面临巨大的风险。"

"再比如，传统观点里说，杀人偿命，欠债还钱。但是从法律的角度看，我国对于死刑的适用是尽量少用慎用，除非社会影响极其恶劣、手段极其残忍，才会宣判死刑。欠债一定还钱吗？如果放款人三年内都不主张自己的权利，那么法律不会保护躺在权利上睡觉的人。再者，如果放款人是通过现金方式放款，那么就可能没有凭证，仅凭一张借条，甚至有败诉的可能。所以，人人都需要有证据意识、忧患意识。推动全社会普法、懂法，对于法治社会的建设，尤为重要。"

许鹏飞说，当前国家在大力推进依法治国，上海也在构建法治城市，但是纵观整个教育体系，中小学没有法律的专门课程，大学期间，不是学法律专业的学生，大部分情况下也接触不到。即便是很多博士、硕士，对于诸多基本的法律常识都存在盲区。企业即使做得很大，但很多企业家同样法律意识匮乏。

自立自强勤奋斗　脚踏实地敢追梦

2023年海华永泰年会上主题发言

如果不懂法的当事人多了，当他面对法律判决时，就会觉得法律的判决是有失公允的，让他对国家、政府失去信心。相反，如果全民普法，人人懂法，就能解决社会上的诸多矛盾，真正利国、利民、利企。

"下一个十年，我想建立一个尚法联盟。"

他想借助各方力量，在徽商中率先树立起知法、懂法、守法的榜样。"加入这个联盟的企业，必须是法制健全、合法合规的，配备齐全的财务机构、法务机构、法律顾问机构，经营过程中没有失信行为。如果一家企业有这样的底气，那么它就具备诚信的标志。慢慢地，越来越多的企业会加入到这个联盟中来，互信互助。贴上尚法联盟的标签，企业相当于挂上了一块不用言说的金字招牌，大家都愿意与之合作。因为尚法，所以在业务往来的过程中，可以无忧。此外，联盟里面的企业，还可以拿出一些经费，助推全社会的普法工作，真正把尚法变成大家的事。"

如今的许鹏飞又一次把自己置身在学习者的角色上，他在努力学习商会组织架构、运营模式，寻找商会能为企业提供哪些服务，探索徽商在法制建设上究竟处于什么水平，在法律体系建设上还存在哪些短板和弱点。"在新时代，徽商精神不仅仅是诚信经营，也是守法经营，这是诚信经营的一个延续，也是企业能够不断发展的基石。"

▶ 感恩社会，疫情期间捐款 22 万元

疫情期间，许鹏飞被封在家，不能出门。看到安徽商会成立了"徽骆驼"救援队，正缺人、缺物，商会在倡议大家捐

2023 年与团队进行疑难案件研讨

款捐物并招募志愿者；还看到会长、副会长和会员们都在陆续贡献自己的力量。他的内心满是矛盾纠结，整天在家里唉声叹气，坐立不安。

2022年4月11日，上海全城静态管理的第十一天。细心的妻子看到丈夫无心吃饭的表情，终于忍不住开口了。"怎么感觉你这两天的情绪不对劲？"

"疫情里，大家都冲在一线，我总得做点什么吧。"他说出了自己的真实想法，"但我也知道，家里有两个老人、两个娃，我走不了……"

"没事，我们很理解你，你想怎么做就去做吧，我们完全同意。"家里人不约而同地发出了支持的声音。

"那我们出不了人可以出钱，我们捐款十万，给一线的'战士'们买点防护服。"当晚许鹏飞的妻子就从家里的积蓄里划拨了十万元转入商会账户，表达一家人的心意。

在律所，他也积极倡议员工贡献力量，并带头捐款一万元。他给律所每个员工打电话安抚，让他们在家安心照顾好家人，并表态工资在原来的基础上多加一倍。领到工资的员工们深受感动："许主任不仅是有爱心的领导，更像是我们有保障的大家长！"

为了更好地回馈社会，他还在老家黄里村以个人名义捐资10万元成立了"飞凰助学金"，专门用来资助考上985、211大学、家有困难的老家考生。今年，已经有一名学子有幸领取了第一笔助学金。一个人的力量是有限的，许鹏飞也希望更多人能加入到他的队伍中,一起助力老家的年轻"凤凰"们,飞出大山,奔向更美好的前程。就在不久前,安徽省驻沪办联合安徽省红十字基金会在阜阳市临泉县开展"爱心助学慈善捐赠",许鹏飞又慷慨解囊,资助了1万元。感恩社会,疫情期间,他个人捐款22万元,彰显了一个徽商的大爱和胸怀。

"不能做一个铜臭味太浓的律师,我永远为老乡企业,为家乡人提供力所能及的服务。不论是法律咨询还是义务援助,每一次的解答都是一次普法,老百姓都懂法了,社会才更和谐,经济发展了,人民才能过上幸福生活。"他说道。

徐海进

1972年出生，安徽合肥庐江县人，中共党员。上海高行建筑集团党支部书记、董事长，上海蓝国天虹高科技有限公司董事长；2019年投资了杭州碧橙数字技术股份有限公司，正在筹备上市中。曾荣获"优秀共产党员"、"优秀党务工作者"、2015~2018年获安徽合肥"庐江好人"称号，2020~2021年获上海浦东新区高行镇"慈善之星"、"仁爱之心．年度公益新锐奖"、2022年度"大爱奉献奖"。2021年加入上海市安徽商会担任常务副会长。

从"农民工"到"企业家"，改变命运靠自己

——访上海市安徽商会常务副会长、上海高行建筑集团有限公司董事长徐海进

上海高行建筑集团有限公司董事长徐海进，谈吐儒雅，行事果敢，在外人看来，是个有"气质"的企业家。这种"气质"由内而外，质朴真诚、沉稳冷静。从一个普通的"农民工"成长为成功的安徽企业家，所走过的艰辛路，只有他自己知道。

人生中也许真没有什么跨不过去的坎，脚踏实地奔向彼岸，就能书写好自己的人生。

▶ 多舛童年：立志挣钱脱贫

铁凝曾说：破碎，是一种完整。因为伤过，哭过，经历过别人无法理解也无法感知的痛楚，苦难只属于自己，所以就连时间也无力泯灭。

"苦。"说起自己的童年经历，出生于安徽庐江农村的徐海进，就用了这么一个字来形容。这背后的千言万语，都化作了改变命运的动力，让他发奋努力。徐海进："多舛的童年，教会我很多，也因为艰难的经历和过去让我思想更加成熟和乐观。很多时候，回忆过去都是凝着泪滴，觉得太苦了。"

从"农民工"到"企业家",改变命运靠自己

在他 3 岁时父亲因病去世,作为家中 6 个孩子里最小的一个,本该获得更多宠溺的徐海进却因为贫困的家庭,自小开始独立自强。每天只吃两顿,第一顿是一碗稀饭,加水之后,晚上再凑合一顿。记忆中,母亲从来都不吃晚饭,调皮的徐海进还边吃边问,"妈妈为什么不吃?"母亲哄孩子们说自己不饿,其实哪是不饿,实在是没有东西吃了。40 岁的年纪,在今天还是岁月正好的芳华,但在当时,拖着 6 个孩子需要养活,伟大的母爱在那一刻支撑着她,再穷再苦,也一定要把孩子们都抚养长大。

从徐海进记事开始,隔三岔五就会有人来家里,想要把孩子领走,但都被母亲严辞拒绝。他说,如果自己当时真被别人抱走领养了,不知道又会迎接怎样的未知。所以他很庆幸,一家人在一起,让他感到快乐而温暖,日子虽苦,但也有甜。

18 岁的大哥是家里唯一的劳动力,却要早早承担起本不该这个年龄的孩子应该承受的重负。因为瘦小,大哥在生产队里收割水稻的工分根本不够承担家里 7 个人的供给量。有一年因工分不够,生产队队长安排村民挑着箩筐,到家里要把稻谷拉走。徐海进清楚地记得,当时自己硬是拉着箩筐不肯放,最后被拖出了几十米,还是无奈地撒手了。"我知道这是救命的粮食,拼命想挣扎,但也没用。"自那次后,4 岁的徐海进就知道,同命运做抗争,只能靠自己。

6 岁,上学的年纪。踏入校园的徐海进,连一张像样的纸都没有。二哥和二姐在外面捡长条的香烟烟盒,把烟盒拆开,

背面雪白的硬板纸就露了出来。哥哥姐姐把题目和知识点抄在上面，给徐海进学习。

没过多久，因为实在是交不起后续的学费，他退学了。

直到第二年，母亲好不容易东拼西凑攒下了1块5毛钱学费，徐海进才终于又一次走进学校。也许是因为知道这一切来之不易，他勤奋苦读，在小学里一直当班长。由此，也获得了给同学们布置作业的机会，他便利用"职务之便"，每个星期让同学们给自己"进贡"一张纸。就是在这样的环境下，他度过了整个小学生涯。

小学的时光，给徐海进留下了很多回忆。其中不少是因为家里贫穷，带来的苦涩记忆。

哥哥姐姐穿剩下的破袜子，把前脚掌往脚后跟一拉，成了一双完整的袜子。没钱买新衣服，就跟着母亲到村支书家里，跪着求着讨一两件衣服。两件破衣服拿回家，他一路上蹦蹦跳跳乐开了花。

那时候徐海进穿的衣服，都是没有袖子的，甚至连扣子也没有。早上出门弄个挂绳扎一下，晚上回去再打开，一件开衫硬是穿成了T恤。

四年级的一天，徐海进正认真地敦促同学们努力学习，引起了一个男生的反感，两个孩子较真地争执起来，扭打作一团。"穿衣服都没扣子，你凶什么凶？"男生恶狠狠的话语深深扎痛了他的心。

还有一次，调皮的他和一个同龄男孩嬉戏玩耍，打闹中，男孩哭了鼻子。男孩的父亲第一时间赶来，一看儿子受了委屈，不由分说就抽了徐海进一个耳光。"他还说我是个没有父亲的孤儿，这让我很伤心。"追忆起这些场景片段，徐海进一度哽咽。而这些经历，也一直激励着他。

小学毕业，二姐嫁人了。姐夫所在的山区有扶贫政策，每年一户可以分发几尺布料。疼爱弟弟的姐姐把这些布拿出来，给弟弟做了一件新上衣。这是徐海进有生以来的第一件新衣服。衣服的料子是普通的卡机布，调皮的他东蹦西跳，没过多久，线头都崩了。但徐海进特别高兴，这件衣服陪伴着他度过了一整个夏天，又一整个冬天。几乎每天，他都穿着这件衣服，心里美滋滋的。

徐海进家是最简易的茅草房，彼时大哥结婚了，二哥也进入婚恋阶段，5间草房里，两间给了大哥、两间给了二哥，剩下的大伙儿挤在最后一间堂屋里。大桌边放一张床，再过去是一个鸡笼。让徐海进印象最深的是，每一个下雨天，就是他们家的不眠夜。天上的雨停了，但家里的雨还没停，泥地里的水要不停舀出来，否则就会积水；房顶的水滴滴答答地滴个不停，成了名副其实的"水帘洞"，床板也都是湿的。母亲和姐姐忙了一夜，不停地用瓢排水。徐海进用席子卷了个筒，把自己蜷缩在这个筒里，艰难地挨过一夜。

茅草房松松垮垮，每年都要把草理出来重新修盖一遍。家里没有足够的壮劳力，只能请乡亲帮忙。为了表达感谢，母亲总是让徐海进去村里的小店赊一包香烟送人。有一次，他在店里写下了欠条，拿走了一包 2 毛钱的"大前门"。谁知才走出百余米，年近七旬的老板便追了出来，又把香烟拿了回去。"欠条都写完了，但老人思考再三，觉得我们应该还不上钱，所以才追了出来。"从小到大，这样的故事屡屡发生，深深印刻在他的心里。贫困，让这个家庭举步维艰；贫困，也在他小小的心灵里种下了另一颗希望的种子。

小学毕业，当同学们顺利进入初中，徐海进又开始为学费发愁了。母亲已经倾囊相助，无能为力。怎么办？只能自己想办法挣钱。

他找来了自己的发小，一个和自己有着类似经历的小伙伴。没了父亲，家庭窘迫。两个年幼的孩子，在村里借来了一面锣、一只鼓。腊月二十五日起，俩人走村串巷，做起了挨家挨户的"卖门唱"。动听的童音响彻了村落，吸引了不少人的围观。水浒传、杨家将，那些大家耳熟能详的桥段，在两个孩子的演绎里，仿佛跃然眼前。一个小小的盆里，5 分、1 角，看客们慷慨解囊，送上褒扬。一整天，从早晨唱到天黑，当别家的孩子吃着糖果，幸福地在村里玩耍时，徐海进和他的小伙伴，用卖唱的方式，为自己延续学业而努力着。

三天后，捧着满满一盆硬币，徐海进兴奋得睡不着，想要高声地欢呼，却发现自己的嗓子早已沙哑，疼得连喝水都难受。没有练习发声的技巧，也没有做过任何保护，他一心只想着挣钱上学，改变现状。

初中还没毕业的徐海进放弃了继续上学的机会，满怀着期待，走出乡村，打工挣钱。他说，自己的梦想就是存一万块钱，建三间瓦房、买一辆摩托车，为了这些，只有拼命奋斗。

▶ 走出农村：靠双手改变命运

15岁，1.43米，41.5公斤。

徐海进背上行囊，走出农村，独自在外闯荡。和母亲、姐姐分别的刹那，他控制不住自己的情绪，差点泣不成声，但他忍住了，转过身去，默默抹了一把眼泪。

兜里虽然没有钱，心里却感到满足。他相信，自己一定能挣到钱，改变命运。

此行的目的地是江西，大姐夫帮忙找了个修马路的活儿。在五大三粗的工友们面前，他就像是一个还在读书的学生。

仗着身强力壮，和他搭班的工友常常欺负他。拉一板车的土，从上往基坑里倒，要两个人共同用肩膀扛，才能把板车给立起来。有一次，才刚抬到一半，搭班的工友就故意松手跑了。几百斤的板车把压在他柔弱的肩膀上，只能死命支撑。他一声不吭地默默做完了一天的工作，回到宿舍的床榻上，只觉得胸口闷得疼，浑身乏力。但第二天，还是照常早起，拉着板车就上工了。

夏天，修路工程的一段需要工人赤脚站在河里作业，山里的隐翅虫常常袭扰，只要叮到腿上，就是一个包，奇痒无比。工作中都顾不上抓挠，只能忍着，时间一久，经过河水的浸泡，创口开始溃烂。等到了午休时，腿从河里蹚出来，好不容易擦干，一会儿就会有苍蝇叮上来，围着两条腿打转。原来伤口已经腐烂流脓，又痛又痒。这些只有在影视作品里才会看到的夸张场景，真实地发生在徐海进身上，让他自己回想起来，都觉得难以置信。"腿上现在还留着一个个疤。"但在那时，为了挣钱，他顾不上那么多。

　　修路的工资不算低，在20世纪80年代，一天5元的工资已经是很多人无法企及的标准。然而在实际发放的过程中，包工头一拖再拖，一边扣掉2元5角的生活费，一边又拿些布料衣物充数，徐海进最后拿到的钱寥寥无几。恰逢母亲卧病，他的钱也都用在了母亲身上。

　　两年时光匆匆，徐海进见识了乡村外的世界，和想象的略有不同。在那个找工作并不容易的年代，他又去了武汉。经过二姐夫的介绍，走了后门才找到了一个工地上的活儿。但是没过多久，因为工程量少，僧多粥少，徐海进被老板赶了回去。兜里揣着18元，要从武汉回到桐城，掏不起车费的他也顾不上那么多，随手买了一张到九江的船票。在轮船上的一天半时间里，没钱买饭的他只能饿着肚子，同船的工友看着不忍心，第二天把自己没吃完的半份盒饭给了他。轮船到了安庆，徐海进像做贼似的偷偷跟着人流蒙混下船。接着又用仅剩的5角，踏上了车费1元5角的班车，直到最后被车老板发现后赶下车。暴走了几公里，满脸风尘的他总算回到了姐姐家里，一路上没什么东西吃，饿得前胸贴后背，见面的那刻，姐姐脸上满是心疼的表情。

从"农民工"到"企业家",改变命运靠自己

经过这次被退返之后,徐海进又先后在安徽巢湖、浙江临安找活干。在巢湖修立交桥时,每天要挑着一百多斤重的土,走在十几米高的三块跳板上下基坑。有一次持续工作到第二天上午十点半,熬夜的疲惫让他支撑不住,脚底一滑,重重地摔倒在跳板上,扁担和土都压在了身上。"差点摔得命都没了。"现在回想起来还有些后怕。

后来,他又到了临安窑厂拉窑泥,一天的工资超过20块,这是他第一次见到这么多钱。他告诉自己,这么多苦都吃过了,为了自己三间瓦房的梦想,再苦再累,也一定要好好干。

早上5点起床,拉着板车出工,一直做到天上挂满繁星。到了饭点,就自己烧饭,一天要吃3斤大米,舍不得花钱,每天就随意煮点青菜或拌点榨菜将就一下。

寒冷的冬日,他也只穿一身秋衣。早上,刚走出门,天上的霜露很快就把衣服打湿了,冷得他瑟瑟发抖,走上2公里,用铁锹挖土装车,还没开始推板车,衣服就又湿了一遍。浑身的汗水,在寒冬里把衣服牢牢黏在了身上。

2公里的路,一个上午要来回7趟,一个下午又是7趟。按每车半立方米算,他一天要挖7立方米的土,装上车,从水库拉到窑厂,最后倾倒。冬天,徐海进这件蓝色的秋衣,四处泛白,干透的是白色的盐巴。

打工生活历练了徐海进。有段时间在天目山轮窑厂装窑坯,别人一天生活费2元,在食堂打三个菜,他只花2角。早上不吃菜、中午打2角的毛豆丝瓜汤,中午喝一半、晚上喝一

半。工作再辛苦，他也从不喊累，默默坚持。

挣钱养家，改变命运，这就是他当时最淳朴的想法。

▶ 初到上海：一步一步做大做强

18岁的徐海进，在上海开启了全新的人生。可能连他自己也没想到，会在这座城市里，找到异客的归属。

一个人，一个包，20元。1991年，他和几个同乡来到上海，在这个陌生的城市里，他没人投靠，也没有方向。

初来上海的头半个月，找不到活干，身边的钱很快花光了，一天只吃一顿饭，四处找工作。几经辗转，一个老乡介绍有处破屋子要拆，开价70元。二话不说，他和两个工友一起掀房顶、拆瓦片，一片片砖瓦整齐地堆放在角落里，从早上干到天黑，三个人，拆完了一栋房子。活儿干完了，老板却只愿意给45元。满身是灰的徐海进从废墟堆里钻出来，拍了拍身上的尘土，45元就45元吧。走到住的地方已经是晚上10点多了，这一夜他辗转反侧，难以入眠。这么撞大运找活干，也不是个正经的营生，明天该怎么办？

翻来覆去，他最后还是沉沉地睡着了，疲乏了一天，感觉身体在某些时刻仿佛不属于自己一样。

而后，经人介绍，他又跟着泥工做小工，每天抬砖头，朝六晚六，一天5元工资。半个月后，他又觉得这不是长久的营生，也不干了。

思考了几宿，他决定自己干。每天在高桥附近转悠，哪

从"农民工"到"企业家",改变命运靠自己

里房子老旧了需要拆建,哪里要填沟填坑,只要看到河浜边上堆着石子、黄沙,他都会主动去找主人家询问,有没有活儿可干。那些日子,高桥镇、凌桥镇的每条路几乎都被他走遍了,鞋底也磨破了。活儿越来越多,徐海进的队伍也越来越庞大,很快,他拉起了一支十多人的团队,专接各类工事。

19岁的春节,他满载而归,这一年他实现了自己的第一个梦想,4间水泥砖头的楼板房拔地而起,他童年的梦成真了。虽然曾经的青葱岁月已然不在,但他更坚定了靠双手改变命运的信心。

20世纪90年代末,在上海,他渐渐拉起了一支团队,开了个小门面,从最初的"农民工",成为"包工头"。很快,从"小打小闹"起步,他又开始进军工程项目。2000年的上海白玉兰工程华高新苑项目,他也参与其中。早上6点起来,把店门开好,就去工地上转,把工人都安排妥当,每一个细节他都严格把关,一直工作到深夜12点。几年如一日的付出,也得到了回报。

一个偶然的机会,他结识了两个行业里的大哥,带着他在外高桥保税区做飞利浦的厂房项目。原来的木工工程师因为工程进度跟不上被辞退,项目一度难以推进。徐海进到现场走了一圈,拍着胸脯说,"我可以"。他立马组织了几十个工人,把工程顺利做了下来,既提前完成了任务,又把工程做得漂漂亮亮,得到了外国客户的充分肯定。从那以后,徐海进和两位大哥成了无话不谈的好兄弟,自己也逐渐从跟在后面接活,到独当一面担当"主角"。在大哥的支持帮助下,他注册了一家

家装公司。起先几年，伴随着楼市的红火，一年公司的利润达到 40 余万元。

渐渐步入正轨的徐海进，得到了外人的艳羡。那些曾经看不起他的人，都对他刮目相看。这时，并不"安分"的他又有了新思路。"虽说做家装赚了不少，但是这个活儿还是比较琐碎，很难上规模。要做大，还得找更大的项目。"

就像电影《无名之辈》里那句红极一时的台词一样，徐海进用自己的人生书写着那句"一步一步，做大做强"。

辛勤努力，开疆拓土。另一方面，苦了前半生的徐海进，也得到了命运适时的垂青。机缘巧合，他又接到了浦东新区公安局的工程，从此开始投向工程建设领域，公司迎来快速发展期。

为了提高自身的学识，他攻读了成人大专和本科学历，同时还学习了工程管理和工程预算等学科，为今后的事业发展夯实了基础。

从 2006 年起，先后承建了世博园里的行政办公楼、景观泵站、公建配套、南码头派出所、六里大院改造、凌桥派出所、灵山大楼改造、昆山金大元御珑宫廷 EPS 工程、迪士尼乐园新建公安大楼、金科路 13 号线公交枢纽等二百多个工程项目，他的公司参与了不少重大项目的建设，得到国家领导人和上海市领导的赞许，成为上海建筑建材行业的优秀企业。

工程之余，他还拉起一支 300 多人的团队到外高桥造船厂搭建造船脚手架。高温天，船舱温度超过 70 摄氏度，不能往里打冷气，要不了两分钟，身上的衣服就变了颜色；大冬天，在飘着雪花的户外绑脚手架，大风刮过，整个人都摇摇晃晃。在船厂，全年流水线几乎不停，工人们前赴后继，夜以继日。全世界造船总吨位的11%在这里完成，其中大部分都是10万吨至40万吨的大型船舶。雄伟的1188号深海石油钻井平台，为国家的石油开采贡献了巨大的力量。这个庞然大物的背后，也凝聚了徐海进和他的团队的默默付出。

那时的徐海进，已经不只单纯考虑挣钱养家，他有着更大的理想抱负，要为建设美丽都市出力，为社会发展做贡献。

2015年，事业风生水起的徐海进遇到了人生中的又一道坎。9月30日，在华东疗养院的体检室，医生一把拉住了他。"我刚才可能没看清楚，你再去做一个CT。"

拍完片子，医生拿着报告，又看了看他。"两年前你体检的时候查到肺部有个结节，你就一直没有管它？"

"没有啊，我又不懂，现在到底啥情况？"

"你这肯定不是肺炎，具体的，到上海找专科医院再去看看吧。"医生语重心长地放下报告，拿出纸条给他推荐了一位上海肺科医院的大夫。

回到上海之后，徐海进前前后后也找了几个专家看，也没得出个所以然来。最后，他按着纸条上的信息找了肺科医院的孙希文大夫。

"这个是你本人吧？"大夫拿起片子又看了一遍。

"是啊。"

"你这个是早期肺癌，要开刀的。"大夫的话语异常平静。

徐海进一下子蒙了，半晌说不出话来。犹如一个晴天霹雳，他第一次感到自己彷徨、无助、揪心。

"什么时候做手术？"

"这个倒不急，你可以先把手头上的事情处理完，三个月、半年都可以。"

他渐渐冷静下来，和医生道了别。这一天，他是怎么开车回的家，走的哪条路，连他自己都没印象了。大脑一片空白，千头万绪又奔涌而至，这是一种奇怪的感觉。

更让他感到不安的是，当时公司正承接着上海迪士尼的重要工程，而这个时间点正是最要劲儿的时刻。

2015年4月6日，徐海进（右二）陪同上海市公安局浦东分局政委卞长忠、后保处处长朱雪珍等领导巡查迪士尼乐园公安大楼新建项目施工现场。

"心里压力特别大。"回忆起那段往事，徐海进现在还有些后怕，真觉得自己会完不成任务，或者扛不起重担。但他还是挺过来了。

根据官方的安排，上海迪士尼乐园要在 2016 年 4 月 16 日开园试营业。在此之前，徐海进负责的公安大楼必须完成交付。只有园区的监控系统、指挥系统提前进入公安大楼安装到位，几百名公安干警入驻办公，迪士尼乐园才能如期开园。

压力之下，他向所有人隐瞒了自己的病情，依旧如往常一样奔波在一线。领导现场视察时，下达了必须按期完成任务的命令，公安局也安排了专人在现场蹲点督办，这让徐海进感

2015 年 12 月 18 日，徐海进（中间）在迪士尼乐园同上海市公安局浦东分局领导开项目推进会。

到肩上的担子沉甸甸的。春节前，距离交付时间已经不远，时任上海市公安局浦东分局局长李贵荣握着徐海进的手说，"徐总，什么都能拖一拖，唯独这个项目只要不结束就开不了园。春节不回家，我值班来陪你。"

功夫不负有心人，经过紧锣密鼓的持续推进，3月末，工程顺利完成交付，保障了园区正常开园。看着园方赠送的一摞试营业门票，徐海进长舒了一口气。

5月21日，徐海进把年前在昆山市刚买的一块55亩的土地出让签约完成，就直奔医院而去。那时的他，十分坦然。心中的一块块大石相继落下，哪怕是就此按下暂停键，他也没有遗憾。

手术很顺利，右肺上叶切除后，病理报告定性为原位腺癌，算是不幸中的万幸。但对于徐海进来说，接受的过程，还是有些周折的。每天都会有一些稀奇古怪的想法，晚上睡觉睡不好，想着企业做到今天，面临着一道道坎，自己都迈过来了，这时候放手，也不失为一种选择。

就在他萌生隐退想法的时候，一封来自国家主席习近平的感谢信，又燃起了他继续奋斗的斗志。"值此上海迪士尼乐园开园之际，作为这一合作项目的积极倡导者和推动者，我对上海同美国华特迪士尼公司的成功合作表示热烈的祝贺！向参与乐园项目的各方建设者致以诚挚的问候！" 8月25日，在迪士尼乐园建设者表彰会上，徐海进荣获了上海市"五一劳动奖章"，上海市"工人先锋号"。值得一提的是，高行建筑公司是

从"农民工"到"企业家",改变命运靠自己

唯一获奖的民营企业,也是仅有的两家总承包获奖单位之一。接过领导颁发的奖状奖牌时,他感慨万千,所有的付出都是值得的,自己还有继续发光发热的动力。

2016年8月25日晚徐海进(右一)在迪士尼乐园大通广场接受上海市政府副秘书长莫负春颁发的上海市"五一劳动奖章,工人先锋号"

右二:徐海进,右一:莫负春(上海市政府副秘书长)

不忘初心，仍在路上。2018年，公司又承建了轨交13号线金科路站公交枢纽工程。作为张江五个一批项目，工程完工后，获得了浦东新区的嘉奖。2020年，公司参与浦东新区川沙新镇连民村美丽乡村建设，打造"精品、宜居、乡旅"特色村落。这项市重点工程，也得到了市委市政府的高度肯定。

如今的徐海进，除了精耕老本行建设，还投资了一些颇有前景的项目。LED新材料、环保科技、电商平台、智能科技、化工、半导体、生物医药、农业科技等，这些未来有着光明前景的产业，都在他的布局之中。他正运筹帷幄，把盘子越做越大。

▶ 抗击疫情：三支队伍夜以继日

2022年的早春，上海暴发疫情。作为在沪徽商，抗疫义不容辞。

3月14日，接到属地高行镇政府领导的电话，因疫情暴发，需要大量的防疫人员，镇防疫物资仓库缺少人员管理，徐海进挂完电话就第一时间组织了8人的"疫情防控物资保障小组"，奔赴一线接管镇防疫物资仓库。

这是他组织的第一支抗疫小分队。队伍成立后，他作为总指挥，事必躬亲，安排大家一起奋斗在一线。由于物资配送需求时间不定，大家不分昼夜，实行24小时轮班制，确保为高行镇防疫医护人员、社区工作者、志愿者等配送的防疫物资第一时间送达。

随着疫情形势日趋严峻，4月24日，他又组建了10人"疫情防控应急保障第二小组"，奔赴在高行镇的各个高风险小区，协助网格化管理工作。

这个月，上海市安徽商会成立了"徽骆驼"救助平台，徐海进又组织了第三支队伍——配合"物资保障组"做后台数据录入筛选工作。他带着四名员工，每天坐在电脑前接热线电话。"有打电话求助的，有打电话报名当志愿者的，我们就先记录信息再筛选，按照急迫程度分类，最后汇总上报到商会秘书处。"每天，大家都捧着手机，就连吃饭时也是扒几口就要看一眼消息，生怕错过了什么。

有了他们每天接线百余通电话和几千条的筛选信息，商会的救助更有针对性，也帮助了更多急需帮助的人。

这是来自徽商的爱心善意和责任担当，为打赢这场没有硝烟的疫情防控攻坚战贡献着力量。直到9月5日，徐海进的第一支抗疫小组才从高行镇防疫物资仓库全部撤出，圆满完成了任务，历时达五个半月。"前前后后，大约有1500批次的员工投身到一线，几乎是能出力的都出力了。"让徐海进感动的是每个员工身上的责任担当，哪怕是90后、00后的年轻人，在这场疫情防控战中，也表现出了远超年龄的沉着和冷静。

对于抗疫工作，徐海进心心念念。5月下旬，因疫情封控原因，浦东南汇8424西瓜滞销，经多家新闻媒体报道后，上海市安徽商会及时响应，当即在洪清华会长的带领下，奔赴现场查看情况，并和浦东新区农委领导开会研究助农事宜。当天下午会议一结束，晚上商会就连夜开会并成立了10个助农小组，徐海进任销售大队的副大队长。

那些日子，一个个安徽企业家埋头在地里摘瓜，没有架子，没有排场，就是把自己当成一个小工，为了更好更快地解决瓜农的困难。用户的订单纷至沓来，仅第二天就卖出了2万斤瓜。为了及时送达订单，在封控的日子里，靠着仅有的几辆有通行证的物资保障车，奔走在上海的各个角落，有时一送就是一个通宵。每一只瓜，都只卖成本价，他们不为赚钱，也不为名利，就是默默付出，予人玫瑰。

早上出门后，忙到晚上9点，没时间喝水，吃饭就是随手弄一碗泡面。回到驻地，没有热水，只能洗冷水澡。没有人抱怨一句，大家都心往一处想，劲往一处使。

为了帮助到真正需要帮助的瓜农，徐海进还和战友们一起主动联系那些西瓜滞销的小瓜农，深入农村找人，找痛点。"他们才是最需要帮助的人。"眼看着一季的收成就要泡汤了，在他们的支持下，又起死回生。

短短7天的时间，南汇瓜农滞留在瓜地里的30余万斤西瓜销售一空，瓜农脸上露出了久违的笑容。

5月底，随着疫情的逐步好转，徐海进又加入了上海市安徽商会的"复工复产"物资保障小组，并担任副组长，为浦东徽商企业复工复产对接物资、协调服务。

上海完山医疗器械有限公司的老板在电话那头声泪俱下，原来，企业的两批小耗材因为疫情送不出去，面临医院的追责和代理商授权资质取消的风险。徐海进接到求助消息后，立马

从"农民工"到"企业家",改变命运靠自己

行动,在他通过多渠道的紧急联系协调下,最终设备和药品被顺利送进了青浦中心医院和肿瘤医院东院。"感谢你们雪中送炭,让企业有了重生的希望,同时也给广大急需手术的患者带来了福音。"企业老板发来消息,"感动、感激。"简单的对话的背后,是藏不住道不尽的老乡情和温暖援助。

▶ "庐江好人":从不吝惜做慈善

2015—2018 年,被庐江县文明委评为"庐江好人",2020 年,被上海市浦东新区高行镇评为"慈善之星",2021 年,被高行镇授予"仁爱之心·年度公益新锐奖"。十余年来,徐海进不仅忙事业,还一直投身于慈善事业,至今的慈善捐款捐物等总额累计达 300 多万元。

但低调的他不愿意过多地宣传这些事迹。他把这些看成是自己的使命担当,是对社会的回馈。"我是从农村出来的,我知

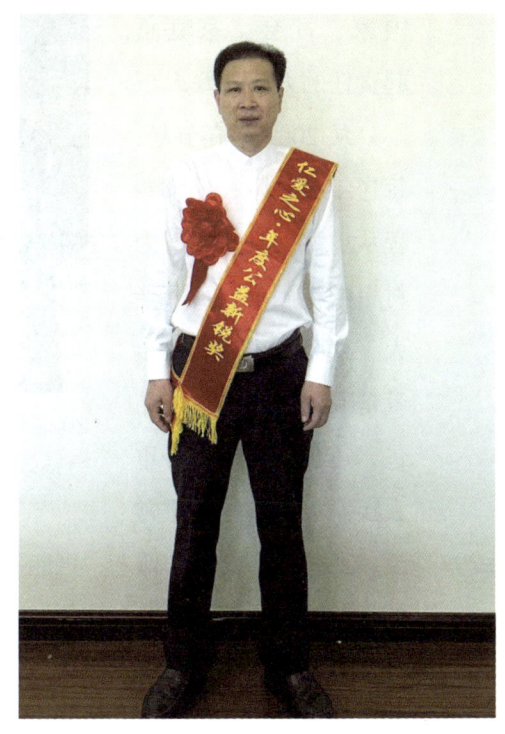

2022 年 1 月 26 日,被上海浦东新区高行镇政府授予 2021 年度"仁爱之心·年度公益新锐奖"

道贫困会给人带来什么,我希望能够让他们感受到社会的关爱和温暖。"他说,好人也是平常人,是"利他主义者",利己又利人的公益者。在他看来,对国家、社会、家庭负起责任的人就是好人。

从2009年春节起,每逢年关之际,他都专程从上海回到家乡,为村里的特困户、孤寡老人、残障人士发放现金爱心红包及水果礼品包,还长期关爱部分重大疾病患者。徐海进常

2023年1月16日被上海浦东新区高行镇政府授予2022年度"大爱奉献奖"

说,那些在养老院的孤老,可能下半辈子就一直在这里了,给他们的钱虽然不多,但会让他们感觉到开心和温暖。

他一直积极参与家乡的各项建设公益事业,2013年还出资为家乡修建了一条2.6公里的水泥路,给乡亲的出行带来方便。

除此之外,他还给捐助云南的大学生读书,为镇里的困

难户提供帮助。看到电视里、微信上有需要帮助的，他多次去银行汇款3000元、5000元。每次汇款不留名，甚至连银行工作人员都以为是被诈骗了，几经解释，才把钱打出去。

徐海进总觉得自己只是尽绵薄之力，自己做的还不够，应该多做点。他始终很感激那些成长路上帮助过自己，甚至嘲讽过自己的人，每一个人生中的过客，都是他一路走来的风景，没有他们，也便没有今天的徐海进。

▶ 子女教育：期待回归家庭多一点

转眼间，徐海进在上海奋斗了31个春秋。创业，他成功了；但对于家庭，他心存愧疚。

忙事业的那几年，每天早上6点多就出门了，晚上回来就是12点，有时工地上即便结束得早，第一反应也不是回家，而是回办公室处理事务，继续加班。

没有时间陪伴女儿，甚至连见面的时间都很少。说到这里，徐海进又一次哽咽。他总是告诉女儿，忙完这阵子就能早点回家陪她，但这阵子忙完了，总有下一阵子等着他。

他清楚地记得，有一个周六，他难得早回家，陪着家人一起吃饭。女儿兴奋坏了，说这是自己吃得最开心的一顿饭。饭后，徐海进牵着女儿的手，在小区里兜了一圈，两个人的手攥得紧紧的。

女儿从小独立，五年级周末去补课，浦东到浦西一个多小时的车程，她都独自来回。

如今，女儿已经远赴澳大利亚求学，经过大病洗礼的徐海进也总算放下了包袱，把更多的时间留给家庭。他的小儿子也因此得到了更多的父爱。"我女儿常和儿子讲，你是幸福的，我小时候，父亲陪我都是一种奢望。"徐海进感慨万千。

20岁的女儿在墨尔本已经待了6年，俨然是个"小大人"。从小学习成绩优秀的她，从不需要父母盯着做作业，也不需要他们操心费力。中队长、大队长、奖学金、三好学生，从小到大，女儿拿过大大小小各种荣誉，但她从不张扬，也不炫耀。

虽然陪伴时间不多，但徐海进只要一有时间，就会给女儿灌输一些持家之道。"你要尊重老人、乐于助人。我们家虽然现在条件好了，但也不能铺张浪费。"女儿把这些都记在心里。

徐海进每次做慈善总会把女儿带在身边，久而久之，耳濡目染，孩子也常常身先士卒、主动捐助，帮助困难的家庭和朋友。

"很奇怪，我女儿一点不像是富裕家庭的孩子。从小，她身上没钱，给10元，用了9元，剩下1元还会还给我。她对奢侈品没概念，衣服包包只要够用就好；买个冷饮，她还要买便宜的，贵的都不要。但看到那些捐助帖子，她会毫不犹豫地带头捐助。"

徐海进很欣慰，小儿子现已13岁，也是个从小独立的孩子。学会走路了就不要大人扶，会吃饭了就不要大人喂，虽然是个孩子王，调皮捣蛋，却十分有主见。看着两个孩子健康成长，徐海进满眼都是父亲的慈爱。年轻时拼事业，把大部分的时间和精力留给了工作，现在年近半百，他更愿意让自己多回归家庭一点，把那些曾经失去的再找回来。

作为一名有担当的徽商企业家，这些年徐海进从来没有放下过自己的初心和梦想，一直在不断前行。在工程项目中，他始终坚持建一流工程，创一流业绩，为广大业主提供高效优质的服务，为上海的建设添砖加瓦；在慈善事业中，他身先士卒，默默奉献，不求回报。

在"新徽商·新征程"上海市安徽商会会员大会暨首届全球徽商上海论坛上与企业家合影。右二为徐海进

百年徽商，留下了丰厚的遗产。有形的物质财富固然宝贵，但无形的精神财富更应得到珍视。徐海进说，他愿意身体力行，把这份内涵丰富的财富传承发扬下去。

张少典

博士，1988年出生，安徽马鞍山人，上海森亿医疗科技有限公司的创始人、董事长。

"上海市海外高层次人才引进计划""上海市浦江人才""上海市浦东新区十大优秀青年企业家"入选者。现兼任上海市浦东新区工商联副主席，上海市安徽商会常务副会长。2017年曾入选福布斯亚洲30位30岁以下杰出青年，及胡润中国30位30岁以下创业领袖。

人人都有人生出彩机会

——记上海森亿医疗科技有限公司创始人、董事长张少典

◆

2016年的一天，张少典把在哥伦比亚大学读博士期间的教科书，还有收集的学习资料、参考书全都找了出来，一本叠一本，堆起来的高度，比他身高还要高。

灯影下，堆起来的书仿佛另一个张少典，和他并肩而立。往事历历，每一本书都有过一段或短或长的回忆，初到美国时的青涩，如饥似渴的阅读，豁然开朗的喜悦。这些书善意地提醒着他：在某个时间段里，你也和大多数的留学生一样，憧憬过美国梦吧。

想了想，张少典把好不容易堆起来的书，推倒在地。

几天后，时年28岁的张少典搭乘航班离开美国。他有一个计划，也确立了一个清晰的目标。这个目标可以称作野心，也可以视为理想。

这是一个"大众创业、万众创新"的奔腾年代，当你发现你能做什么，就放手去做，时代赋予了各种可能，让野心或者理想，悄悄萌芽，无羁生长。这是一个"人人都有出彩的机会""人人都有归属认同"的新征程，无论前浪还是后浪，汇入同一条河流，一起奔涌。这姑且算作是一个学成归来的中国人，即将开始的中国梦。

▶ 少年不识愁滋味

张少典出生在安徽马鞍山一个知识分子家庭，父亲是工程师，母亲在当地医院的检验科工作。

从小到大，张少典一直都很顺，以至于没有什么可以折腾的机会。中考和高考，是很多人改变命运的一个重要转折点，张少典却没有这样的经历。中考免试，进了省重点高中，就读于省理科实验班，在连着拿了几个化学和物理的全省前几名后，高考免试，进了上海交通大学，就读于 ACM 班。和清华姚班一样，交大 ACM 班把每一届学生中最顶尖的一部分，系统地引导到计算机科学的路径上来。"这样的经历一点也不励志，别人的轨迹是有波峰有波谷的曲线，我的轨迹就好像是一根直线，用最短的距离，最快地到达了目的地"，在张少典看来，曲线让生活多了一些意外，也许有前路未知的迷惘，但也有及时修正方向后的坚定，这又何尝不是一种人生？

通了高铁以后，从上海到马鞍山也不过 2 个多小时的路程，但就是这 2 个多小时路程给了张少典不一样的视角，不一样的想法，以至于他做了一个决定：要走不一样的路。简单来说，张少典决定折腾一下自己的人生。

张少典本科就读的 ACM 班，名字源自美国计算机学会（Association of Computing Machinery）的缩写，后者是世界上第一个、也是最有影响的计算机组织，计算机领域最高奖——图灵奖是由该组织设立和颁发的。对于张少典而言，美国的硅谷就像一块巨大的磁铁。张少典买了一张去美国的单程机票，当时他有十多个选择，美国一些排名靠前的大学也愿意给这个才华横溢的年轻人提供优渥的成长空间。张少典有些犹疑，他拜访了许多美国教授。这些教授的名字曾出现在论文作者栏或者推荐信里，他们并不认识张少典，但却很乐意给这个年轻人一些帮助。

每一位教授都有自己的蓝图和抱负，但真正打动张少典的，是哥伦比亚大学的一位教授。张少典还记得当时这位教授是这样说的："在美国学计算机的人有很多，学医学的人也有很多，把计算机和医学放在一起学，却很少有人尝试，如果你想挑战一下自己，可以来尝试一下。"计算机和医学，在国内的学科设置上属于两个学院，风马牛不相及。即便是在美国，在当时也仅仅是哥伦比亚大学等少数几所大学开设了这门"医学信息学"专业。为了确保学位的含金量，哥伦比亚大学的"医学信息学"博士点每年最多只招5个人。张少典对自己的学习能力一直很自信，觉得可以去试一试。

求学履历近乎完美，张少典无风无浪地通过了一系列的入学测试，在2011年成为哥伦比亚大学的一名中国留学生。在一个自己完全不熟悉的领域，张少典开始了为期5年的学习。

为什么要选择医学信息学？张少典当时并没有宏大的创业计划，对于国内医疗的认知，也仅限于母亲办公室墙上挂着的白大褂。所以，家庭影响并非决定性因素，张少典后来也一再否认自己的选择和母亲的工作有关,"我跳开计算机专业,去美国读了一个和医学沾亲带故的博士,现在又做着一些和医院有关联的事情。很多人就会联想到父母之命、水到渠成。实际上我从小到大,都是一个很独立的人,父母几乎不干涉我的选择。我选医学信息学,是因为我被哥伦比亚大学的那位教授给说动了。拿到这个专业的博士学位,除了可以证明我的能力,还有一个原因是,我发现在这个学科上,中国要落后美国差不多20年。作为一名中国人,我有义务把这个差距尽可能地拉近。"远在马鞍山的父母得知张少典最终选了"医疗信息学",一开始还挺纳闷,不是从小就对学医没什么兴趣吗,怎么计算机读得好好的,专业方向又跑到学医上去了?

俗话说隔行如隔山,到了美国,同样如此。医疗信息学,没有医学背景怎么学?比张少典晚两年入学哥伦比亚大学的马汉东(后来成为张少典的创业伙伴,上海森亿医疗科技有限公司的联合创始人),本科是复旦大学生物学学士,对医学课程有基础,张少典却要从零开始。最开始三年,张少典每年都游走在压力的边缘,英文的医学名词长得可怕,自己连教科书都读不懂,好几次都差点挂科了,在如履薄冰地熬过了资格考试后,连呼侥幸,这是从小就是学霸的张少典从来没有过的体验。明明可以一马平川走直线,却折腾成起起落落的曲线。失落、颓唐、莫名亢奋,半夜里爬起来憋着一股劲恨不得生吞活剥了那些专业名词,这些奇奇怪怪的情绪和状况,在那段时间都经历了一遍。张少典自嘲:以前没有过,现在都有了,所以老天是公平的。

这段经历对于张少典后来回国创业大有裨益。人不可能总是走直线，越往后走曲线的情况会越多，越挫越勇是良好的精神状态，越勇越挫也许就是残酷的现实。明白了这个道理，思考问题的角度也会变得不一样。

调整了心态，张少典逐渐找回了在国内做学霸的感觉。2011年至2016年，张少典在哥伦比亚大学读博士期间，参与了多个由美国国家自然科学基金、美国国家癌症研究所等机构资助的基金项目，并参与纽约长老会医院临床数据建模、自然语言处理等项目研发。在医学信息学顶尖国际期刊和会议JAMIA、JBI、AMIA上发表二十余篇论文，并于2014年和2016年两次获得美国医学信息学会（AMIA）年度大会（AMIA Symposium）最佳博士生论文提名（Best student paper finalist），于2016年获得AMIA大会CPHI子领域最佳博士生论文奖。所发表的学术论文的Google scholar总引用次数超过1000次（截至2020年10月）。学术成果在哥伦比亚大学近10年的同系毕业生中能排进前三名。

在张少典拿到博士学位后，导师希望他留校任教，经过几年的发展，许多世界知名大学都开设了医学信息专业，但哥伦比亚大学在该专业全美第一的地位始终无可撼动，鉴于美国在这个领域的研究和投入，远远超过世界上任何一个国家和地区，全美第一也基本就是世界第一。所以，导师的这个提议，很诱人。

"如果求名，就留校。如果求利，当时美国很多著名的 IT 公司都向我发出了邀请，希望我去研究院做科学家。但我早就想好了，哪里都不去，我要回国。"

没有谁能改变一个爱国青年做出的决定。最终，导师没能留下他，美国也没能留下他。

▶ **积极投身回国潮**

做出回国的决定，并非一时间的心血来潮，也不是张少典自嘲的"爱折腾"。和 2011 年初到美国时相比，5 年的求学经历，让张少典的人生丰满起来。同样是这 5 年的时间里，中国的发展让世界刮目相看。习近平总书记在 2012 年 11 月 15 日十八届中央政治局常委同中外记者见面时强调"人民对美好生活的向往，就是我们的奋斗目标"，激奋人心。对于一个中国人来说，既然在中国可以实现中国梦，又何必在美国做一个异地他乡的美国梦？

张少典在上海交通大学 ACM 试点班读本科时的一个同班同学，给他带来了很大的冲击。交大 ACM 班的毕业生，和清华大学姚班一样出色，曾有媒体报道，求学于此的这些天之骄子，产生了诸多学术上的领军人物，也不乏投身于创业大潮的勇者。红杉中国创始人沈南鹏曾给出这样的评价："从学术上讲，他们是黄金一代；今天在商业上讲，他们同样称得上是黄金一代。"张少典的这位同班同学即便不能称之为黄金一代，至少也算是一个成功者，在本科毕业后奋斗几年，和张少典在美国重逢时，已经是"饿了么"的联合创始人。

2015年上半年，"饿了么"如日中天，核心团队拿到腾讯3个多亿美元的投资后，去往美国考察，想学习更先进的管理方法，寻找新的方向。同班同学联系了张少典，张少典也乐意为他们做地陪。此后两个多星期的时间，大家吃住在一起，白天，张少典开着车陪他们去考察硅谷的各个科技公司，晚上回到房间里，正好是国内的白天，他们就开始跟国内伙伴开电话会议。看到他们，张少典知道这才是自己想要的生活。

张少典在哥伦比亚读博士的时候，曾去微软公司位于西雅图的总部实习，他发现常年阴雨蒙蒙的西雅图一旦放晴，同事们就会请假去享受难得的阳光。这样的生活安逸自在，却不合张少典的心意。

"我痛恨那种一眼能够看穿自己30年后是什么样子的生活，我就想要巨大的不确定性，这样的生活有意思。"张少典决定，继续折腾一下自己的人生。

创业和求学不一样，要折腾，就要有折腾的资本，一切靠实力说话。张少典在2015年的时候，做了详细的市场研究，发现国内的发展状况与美国相差甚远。调研期间，一位国内知名三甲医院的医生朋友向张少典介绍了所在医院的处方系统。张少典发现，处方系统的关键环节，仍需医生进行人工处理。张少典问医生朋友，如果用一个智能系统来完成这些需要人工操作的环节，帮助医生提升效率，你们是否愿意接受？

医生朋友肯定的答复，让张少典觉得"这里面一定有非常大的机会"。更大的机会,是 2015 年席卷中国的"大众创业、万众创新"浪潮。

2015 年的中国政府工作报告中提到,推动"大众创业、万众创新","既可以扩大就业、增加居民收入,又有利于促进社会纵向流动和公平正义"。在论及创业创新文化时,强调"让人们在创造财富的过程中,更好地实现精神追求和自身价值"。2015 年 5 月 7 日,李克强总理先后来到中国科学院和北京中关村创业大街考察调研。他强调,推动"大众创业、万众创新"是充分激发亿万群众智慧和创造力的重大改革举措,是实现国家强盛、人民富裕的重要途径,要坚决消除各种束缚和桎梏,让创业创新成为时代潮流,汇聚起经济社会发展的强大新动能。

诺贝尔经济学奖得主埃德蒙德·菲尔普斯也在关注着中国的"大众创业、万众创新",他认为这一中国经济新引擎将带来"非物质性好处"。菲尔普斯说:"如果大多数中国人,因为从事挑战性工作和创新事业获得成就感,而不是通过消费得到满足的话,结果一定会非常美好。"

也许是预感到了什么,平静的湖面起了微澜,很快张少典就将一个猛子扎进去。人生终于可以又一次快快活活地折腾一下了。

2016 年完成博士论文答辩后,张少典开始准备回国事宜。"要是留在美国,差不多还有半年就可以拿绿卡,而且,当时我家大宝刚刚出生,家人有些不理解,但最后还是选择支持我这样做。"在美国的 5 年里，张少典攒了 5 万美元，他把这些钱全都换成了人民币，这笔钱很快就成为他在上海的创业启动资金。

"我挥一挥衣袖，不带走一片云彩。"这是徐志摩再别康桥的潇洒。根据中国教育部 2020 年底发布的信息，2016 年至 2019 年，我国出国留学人数 251.8 万人，回国 201.3 万人，学成回国占比达八成（79.9%）。张少典说："我汇入了一个海归回涌的洪流，国内市场太大了，海阔凭鱼跃。"

张少典没有给自己留后路，把自己的未来和返回中国的单程机票绑在了一起。

▶ 创业起步路迢迢

2021 年，是张少典回国创业的第 5 个年头。他所创立的上海森亿医疗科技有限公司（下文简称"森亿智能"）已成为国内领先的医疗人工智能创新解决方案提供商。目前在张江高科技园区有两层办公楼，在全国各地拥有 700 多名员工，其中 40% 的员工有医学背景。

张少典总是说自己赶上了好时代。"当时我换了 5 万美元的人民币，再和志同道合的创业伙伴一起凑了 50 万元人民币，这就是我们的创业启动资金，那时候工位、设备、人员工资、调研费用，什么都要花钱，50 万元对于一家科技企业来说，根本不够花的。幸运的是，很多人看好我们，也愿意为我们所期望的美好未来投资。"

作为长期关注人工智能等新兴技术领域投资机会的投资人，红杉资本中国基金董事总经理翟佳回忆，在张少典回国之初，经上海交通大学校友介绍，双方就有接触，"在早期投资中，最能打动我们的其实是团队。因为在 AI 医疗领域，既懂医疗又懂 AI 技术的团队和创始人是非常罕见的，而他们两者兼具。"

在创业初期，张少典经常被问到一个问题：森亿智能到底是做什么的？

在哥伦比亚大学读博士的时候，一组数据触动了张少典。"我的系主任在一页课件上写道：2010 年美国有 25 万人死于医疗差错，这个数字大于战争、交通事故、吸毒以及自杀导致死亡的人数之和，位列美国人死亡原因的第三位，仅次于心脏疾病和癌症。"

这算是一个缘起。创办森亿智能前，张少典和创业伙伴达成共识："通过数据最优化每一个医疗决策，为医护人员提供专业医学知识建议，避免潜在的医疗差错和医疗事故。"这是一个美好的愿望。

森亿智能创建于2016年，第一款产品诞生于2017年，这中间走过了不少弯路。"我们觉得自己的技术挺牛的，但学术级的IT和工业级的IT是两回事。工业级需要考虑稳定性、安全性、实用性等方面的因素，这是一个挑战。"

森亿智能的首款产品在落地应用的过程中遇到了不小的挑战。张少典曾率领员工进驻客户现场一个多月来解决技术问题。"当时公司一共30个人，除了一位HR和一位行政，剩下28人全部进到客户现场干活。那个时候想不了那么多，只能咬牙上，没有别的选择。"

张少典明白，这是全公司辛苦一年开发的第一款产品，而当时的客户是市场上愿意尝试这款产品的唯一一家客户，如果做砸了，过去一年的努力就都白费了。在这个客户前，张少典曾经拎着电脑，带着团队的心血之作，敲开一家三甲医院信息科主任办公室的大门。主任警惕地看着张少典，听完他的自我介绍，冷冷地说了一句："我们有合作伙伴了"，就把门关上了。被拒绝的滋味不好受，但创业是没有后路的，最终，森亿智能的产品在医院成功上线。而参与那个项目的员工，后来也被张少典称为公司的"28罗汉"。

首款产品的成功落地，坚定了张少典对森亿智能的定位，即从一家专注人工智能算法的公司，转身成为给医院提供产品解决方案的公司。这一战略的转变，对森亿智能的发展起到决定性作用。首先，提供解决方案，意味着能够帮客户解决更大层面的实际问题。其次，从更长远的角度看，解决方案有助于企业深入理解行业。对行业理解又涉及两个方面，一方面是熟悉医疗系统的思维方式和沟通方式；另一方面，越早深入，对医院内的数据挖掘和积累越充分，而数据是人工智能的源头活水。

在这一战略定位的驱动下，森亿智能跑出自己的商业逻辑。张少典表示："在中国做医疗，我觉得最关键的就是接地气。"2019年，森亿智能研发静脉血栓栓塞症智能化系统，降低了急重症的漏诊率和误诊率，产品广受医院好评。因为，"急重症的处理是医院最为关心的问题之一，它容易造成院内死亡，引发医患纠纷。"

2020年2月，森亿智能研发出新冠肺炎专病库及随访解决方案，以技术力量支持抗疫。凭借该方案，医疗机构可以实现疾病发生、发展全程数据的收集、随访和分析工作。2020年6月，森亿智能成功入选工信部科技抗疫表现突出人工智能企业名单。

森亿智能慢慢打开了市场，越来越多的人对这家企业有所了解。

腾讯投资董事总经理姚磊文表示："医疗智能化是医疗行

业信息化、数字化下一阶段的发展趋势,用科技手段为医院客户解决实实在在的数据集成与治理难题,同时也提升了患者的就诊体验。森亿团队在具备过硬技术实力的同时,对医疗行业了解深入,其不断迭代的产品和解决方案契合医疗行业需求。"

腾讯参与了森亿智能 C 轮融资,在 D 轮融资中,腾讯也榜上有名。只有看好这家企业,才会真金白银地投钱。资本市场没有温情脉脉,想要获得认同,就要拿出真材实料。

▶ 找到出彩的机会

上海 2020 年确定了"五个人人"的城市努力方向——人人都有人生出彩机会、人人都能有序参与治理、人人都能享有品质生活、人人都能切实感受温度、人人都能拥有归属认同。

这是"大众创新,万众创业"的一个升级版。在考察森亿智能的过程中,上海市委常委、浦东新区区委书记翁祖亮表

示,上海正在加快建设具有全球影响力的科技创新中心、抢占科技创新战略制高点,浦东是一片创新的热土,热忱欢迎各类领域、各种所有制的科技创新企业落户和发展。翁祖亮说,一直以来,浦东对各类企业的支持、关注都是一视同仁的,政府各个部门在服务、调研企业的过程中,不仅走访跨国公司和大企业,也一直非常关心民营企业和科技型中小企业的发展。

作为上海市浦江人才、上海市海外高层次引进人才,张少典在张江找到了"人生出彩的机会",先后获得2017福布斯亚洲30位30岁以下杰出青年(30under30,医疗科技领域)、2017胡润中国30位30岁以下创业领袖、36氪36位36岁以下了不起的创业者、2020首届浦东新区十大优秀青年企业家等荣誉,这个年轻人在越来越多的重要场合开始崭露头角。作为中国医疗人工智能行业的创新引领者,森亿智能是国家健康医疗大数据产业国家队——中电数据的AI技术核心供应商,也是华为上海鲲鹏生态联盟成员之一,公司与全国200余家三级医院开展合作,赋能医院人工智能建设。这家年轻的企业,有了越来越多的合作伙伴。

张少典在张江不断证明着自己,也找到了创业的价值。2017年,胡润选出的30位30岁以下创业领袖中,有3人出自安徽,其中2人在北京创业,只有张少典是从上海起步。在张江这片创业的热土上,森亿智能拿到了10亿余元的融资,2020年,世界经济受到疫情影响,森亿智能仍保持快速增长,相比2019年,营收增长4倍,这又是一个创业者和创业地互相成全的故事。

扎根上海，不仅因为这里是创业热土，更是人才粮仓，"张江地区闻名在外的，一个是张江 IT 男，一个是张江药谷，这两个行业的交集，就是我们公司。当初选中张江，一个重要原因就是在这里招募人才，有得天独厚的地理优势，上午谈妥了，下午拎着包就可以过来。现在留在张江，是因为张江契合我们企业的气质，IT 和医学，双剑合璧"。浦东新区的"十四五"规划提出，强化创新在浦东发展全局中的核心地位，努力在基础科技领域做出大的创新，在关键核心技术领域取得大的突破，推动张江建设国际一流科学城，努力成为科学新发现、技术新发明、产业新方向、发展新理念的重要策源地。也许未来张江会有更多 IT 和医学互相融合的创新企业诞生，张少典希望森亿智能始终跑在前排。

张江就是张少典的硅谷。在办公区域装修的时候，张少典饶有兴致地逐一命名了每一间会议室：西奈山、纽约长老会、山间、凯撒、约翰·霍普金斯……诸如此类的名字，对于初次拜访森亿智能办公区域的客人来说，有眼前一亮的感觉，特别是约翰霍普金斯，在 2020 年新冠疫情期间，因为每天发布全球新冠疫情的各项数据而为中国人所熟知。"每间会议室都有自己的名字，而名字所对应的就是美国著名的医学院或者医疗机构，我想用这些名字时刻提醒自己，要始终保持向对手学习的开放心态。"开放的心态，一直是张少典所着重强调的，也是他向硅谷学习，向美国那些全球领先的医疗机构

人人都有人生出彩机会

学习的一个重要输出,"创业过程中,创始人及创始团队,不能带有骄傲、偏见和固有认知看待事物,要不断打破边界。"张少典希望,开放的心态就是支撑森亿智能不断前行的企业文化基因。

上海市安徽商会会长洪清华曾经参观过森亿智能的"约翰霍普金斯",对于张少典的进取心十分赞赏。在接受安徽主流媒体采访时，洪清华表示："带领沪上徽商共谋发展，我定会当好领头雁，挖掘一批隐形冠军，如张少典、周普、孙涛勇等为代表的年轻新徽商向更高领域迈进。"目前，张少典担任着上海市安徽商会副会长，在 2021 年 1 月的上海市安徽商会青年企业家分会第一次筹备工作会议上，张少典提出："商会青年企业家分会在设立准入门槛的时候，不光要看企业眼下的硬实力，更应该注重企业未来的潜力，这样有助于提升对人工智能等高科技领域企业的吸引力。"上海给了张少典很多机会，他希望这些机会能给更多的创业者。各美其美，美人之美，美美与共，天下大同。这是一种美好的愿望，更是徽商传承有序的文化积淀。

2021 年是中国共产党的百年华诞，也是"十四五"的开局之年。张少典认真学习了许多新提法，并密切关注国家出台的新政策。2021 年 4 月，森亿智能联合上海市医院协会医学人工智能管理专业委员会、上海市人工智能行业协会医疗专业委员会（筹）主办了"聚焦'十四五'，'未来医院'新势能"论坛，与众多专家共同讨论未来医院形态与高质量发展。其背景就是"十四五"期间，国家卫生健康委对医院运营管理科学化、规范化、精细化、信息化提出了更高的要求。

"十四五期间有很多新的提法，比如上海多次强调，生命健康领域科技创新是强化国家战略科技力量的重点所在。站在政策的风口，我们看到了更大的市场"。张少典欣喜地得知，2021年5月的第一个工作日，上海市委书记李强在生活数字化转型现场推进会上表示，要深度挖掘数据资源，推进数字流程再造，加快数据开放利用，不断提高数据赋能水平。运用大数据思维，精准对接市民需求和服务资源，提升民生服务的精准性、充分性和均衡性。5月15日，李强在会见上海创新创业青年代表时表示，青年是引领时代的弄潮儿，是创新创业的主力军，城市因青年而更具活力，因优秀人才集聚而更具竞争力。

对于张少典来说，站在了政策的风口，不仅要等风来，更要随风起舞。张少典的创业偶像是曹德旺，后者把玻璃做成了世界第一。"有人说我们公司大数据做得好，可以考虑试水互联网金融，我拒绝这样做。做企业就是要老老实实、安安分分地把本职工作做好，做到极致，甚至像曹德旺先生那样做到世界第一。我们公司的创业基因一半是IT，一半是医学，做医学的要有做药的精神，一款新药从研发到上市，要十多年的时间，别人可以沉不住气，我们有一半的医学基因，我们必须耐得住寂寞。"

尽管已经有了不错的成绩单，但属于自己的创业时代才刚刚开始。张少典把眼光放在了十年之后，在各种场合，他经常说："我还有一个小目标，就是创业十年的时候，通过我们的产品，减少医疗差错，帮助医生和医院做更好的决策，守护亿万人的生命。"

张少典依然是那么自信，在一个人人都有出彩机会的时代，这份自信也许会鼓舞更多的人。上海这座城市始终激荡着创业激情，洋溢着创新活力，上海迫切需要一大批像张少典这样矢志创新创业的有为青年。

尹天军

1977年12月出生，安徽马鞍山人，上海先为土木工程有限公司董事长、总经理，教授级高级工程师，同济大学校外硕士生导师，上海交通大学建筑文化遗产保护国际研究中心副主任。从事建筑物平移、桥梁顶升等特种工程近二十年。先后荣获中国土木工程詹天佑奖、上海市科技进步一等奖等多项省部级奖项以及多项国家发明专利。

乾坤大挪移，升起新世界
——记上海先为土木工程有限公司董事长、总经理尹天军

◆

"敢为天下先"。别人眼中的"天方夜谭"，在这里都成了"创新专利"。而他，好像总有化不可能为可能的魔力。

他是上海先为土木工程有限公司董事长、总经理尹天军，曾经参与过轰动一时的上海音乐厅平移项目，创下了世界重量最重、面积最大的建筑物平移旋转纪录，也保持着世界最大跨径、最大吨位桥梁的顶升纪录。未来，还有更多的纪录等待着他去突破。

一连串纪录的背后，尹天军谦虚地说，自己只是一个在上海打拼了20余年的安徽人。没有显赫的背景，也没有雄厚的家底，从基层做起，吃苦耐劳，钻研创新，他开拓出一条属于自己的道路，为上海、安徽乃至整个长三角经济的发展做出了不同寻常的贡献。

他也用自己的创业经历告诉着每个人，在这个竞争激烈又充满机会的时代，成功并非遥不可及。努力奋斗、敢为人先，就能走在行业的前列。

▶ **成长，总伴随着痛**

成长，总是伴随着痛。有些痛，痛彻心扉，催人成长。

尹天军出生在安徽马鞍山当涂县的一个普通农村家庭，有一个哥哥和一个姐姐。从小家里条件并不富裕，但作为家里最小的孩子，尹天军还是得到了父母更多的宠爱，当然，也伴随着更严格的要求。"坦率地说，虽然我是农村孩子，但小时候也没有吃太多的苦，父母还是很照顾我的。"

至今，他还清楚地记得，自己儿时在农村生活的一些片段，犹如放电影一般，时常回映在眼前。

小时候的尹天军和大部分同龄的男孩子一样，贪玩、调皮。那是一个炎热的午后，尹天军放学回家后，又躲进屋子偷偷掏出了游戏机。正在游戏机里热火朝天的关口，父亲突然开门进来了。"中考考试考砸了，你还在这玩游戏！"这一下，父亲非常生气，随手就抄起了一根棍子，追着尹天军满村跑。

"那下真的把我吓坏了。"现在回忆起来，他仍然十分感慨。父亲的追打，也是爱之深，痛之切。

那个夏天，父亲让尹天军去村里插秧、割稻子、看鱼塘。这是他从小到大第一次下地干活。37摄氏度的艳阳天，在室外站一会儿就汗流浃背，更别提在地里干农活了。田地里的蚂蝗咬得人浑身发痒，火辣辣的日光照在脸上，还有些生疼。那个抬头就是刺眼阳光的夏天，让尹天军成长了很多。过了那个充实忙碌的夏天，他也正式开始了自己的高中学业。

1996年，尹天军考上了西南交通大学土木工程专业。一切看起来都是那么顺理成章，顺风顺水。可就在1998年的1月，父亲突然去世了。

"当时脑袋嗡的一下子，整个人都蒙了。"对于当时还不到 21 岁的尹天军来说，这个噩耗，犹如天塌下来一般。

　　尹天军形容说，他的世界，从此失去了一片天。曾经那个无条件支持他、鼓励他、帮助他的最亲最爱最敬的人，再也不能成为他的后盾。"没有人可以依靠，只能靠自己。"

　　尹天军说，自那时候起，他成熟了。他告诉自己要坚强地走下去，自己要什么、该做什么，都变得越来越清晰。

　　虽然父亲不在了，但是父亲带来的影响，还是给他打下了深深的烙印。"父亲虽然是个普通农民，但在村里还小有名气。因为他做事认真、热心，总能帮人做成事。大家有什么问题都会第一个想到他，而他也总会投入很多的热情，想尽办法帮着别人解决困难。"毕业后的尹天军，在每一个工作岗位上，也始终保持着昂扬的斗志和炙热的情感，刻苦钻研，每个问题都要彻底搞懂搞透为止。

▶ 上海有机会，我就来了

　　2000 年，21 世纪的序幕徐徐拉开，城市经济飞速发展，伴随着大量优秀的行业、产业迅猛崛起。

　　尹天军大学毕业后最终选择来上海发展。说起来上海的理由，其实也挺简单。他说，因为上海是离马鞍山最近的大城市，也因为上海有"机会"。于是，当一家国企在学校招聘时，他毫不犹豫地投上了简历，并很快收到了录取通知书。

　　这是一家土木工程单位，两年后，不甘于现状的尹天军又去了一家专门从事建筑平移的民营企业，从此打开了另一扇大门。

2002年，为了配合上海市政府对于市中心的综合改造，延安路南侧的上海音乐厅需要进行平移修缮。这在当时，是一个全城轰动的大项目。上海音乐厅始建于1930年，是全国第一家一流电影院，后于1959年改成音乐厅。对于很多上海人而言，上海音乐厅就是一张城市的名片。而作为当时上海历史上最大规模的文物保护建筑平移工程，上海音乐厅平移顶升的难度又非常大。

上海音乐厅平移66.46米并整体顶升3.38米

尹天军参与了方案设计，并在现场担任施工技术部主任。施工过程中，他参与解决了很多技术难题；在平移顶升时，他又出任总指挥助理，辅助指挥。这是他第一次参与建筑平移项目，也是这个工程，彻底打开了他的眼界，开启了对这个专业领域的探索。

2003年6月17日，历经200多个日日夜夜的奋战，上海音乐厅平移顶升工程告捷，建筑被升高了3.38米，向东南方向平移了66.46米。这座上海市民最为耳熟能详的老建筑，在脚手架的团团包围中，被挪到了现在的位置。尹天军也因此"打响了第一炮"，并且自此一发而不可收拾。

"建筑平移的原理，形象地说，就是先向下挖一定的厚度，给建筑物做一个托盘稳固结构，然后顶升起来平移到相应的位置，再放下。"说起来简单，实际操作却非常复杂，精细程度达到0.1毫米。

时代的车轮滚滚向前，技术的革新日新月异。在上海音乐厅平移这个轰动一时的项目后，尹天军先后参与主导了多个建筑平移项目，开创了一系列的先河。

重达58000吨的大同市展览馆，总平移距离1710.11米，五个分体还需要旋转90度，荣获了两项"世界纪录"；总面积7000平方米的梅林正广和办公楼，是上海体量最大的建筑物平移专项工程，平移后，这栋上海市优秀历史建筑仍旧保持着原来的模样；始建于清朝江浦路104弄的文物建筑，全是砖木结构的老屋，平移、保护、修缮，历史建筑在新时代里，焕发了新生机；黄浦区的"沈宅"、"陆宅"，这一些些、一件件，珍藏着历史的老建筑，又在全新的位置上，重新回到了人们的视野中。

建筑面积达 7000 平方米的优秀历史建筑梅林正广和办公楼整体平移 38.6 米

"人们看到的,都是光鲜、刺激的一面,其实背后的工程复杂程度让人难以想象,风险也很高。越是年代久远的建筑,面临的困难也越大。它不是常规的框架结构,结构比较松散,既要平移,又要保护,还不能破坏外立面,每一道工序都容不得半点差池。"尹天军说,老建筑平移,就像是在搬运一个大古董,"需要万分小心。"

2021 年,地处黄浦区的又新印刷所旧址和中共上海区委党校旧址启动了修缮保护工程。考虑到修缮施工中受基坑围护施工影响,房屋建筑有结构加速变形的可能,黄浦区最终决定对两处建筑采取抢险平移后保护修缮。

面对这项艰巨的平移任务,尹天军先后多次来到现场反复勘察。根据现场看到的情况,他发现房屋内部结构损坏较为严重。"平移前,既要对其进行临时加固,使其在平移时安全牢固,同时又要对其外立面等进行保护,让其保留原有的面貌。"经过和同事们多次分析研判,他最终决定采用一种可逆式压型钢板全包裹加固法,把建筑物牢牢包裹起来。这个创新的方法既可保证平移的安全性和可靠性,又能对房屋的原貌进行保护。

最终,两幢建筑在一天内平移了"6次",并安全平移到位,创下了平移建筑上的两个"第一"。第一个"第一",是在同一天内,同一场地平移了两幢建筑;另一个"第一",是同一地块里,实施了两种平移方式。一种是直接平移到位,一种是让位于其他建筑而闪转腾挪的平移方式。这些创新的操作,都是尹天军在积累了大量丰富经验后得出的最优方案。

2021年10月,尹天军和他的团队还主导了对黄浦区160街坊保护性综合改造项目。根据规划,项目中的红楼需要先进行平移,临时迁移至东侧位置,待原位置处的地下室建设完成后,再将红楼建筑回迁至原址。项目地块内现存2栋历史建筑,一栋为"老上海市政府大楼",是开国元帅、上海市老市长陈毅的办公所在地,属上海市第一批优秀历史建筑。这座历史风貌建筑的红楼,1949年上海解放时,新旧政权曾在此交接。

红楼平移工程是上海面积最大、重量最重的砌体结构平移工程,红楼基础埋深浅、墙体厚、外立面保护部位多,每个环节都是难点。尹天军又第一次提出了采用4大技术来逐一攻克难题。"变截面托换技术、抬梁交叉托换技术、空间加固技术和全自动实时监控技术，四大技术一起使用，分三步进行，第一步整体向东平移 32 米至中间位置，第二步在中间位置整体顶升 0.421 米，第三步待小红楼原位置地下室建造完成后，再将红楼建筑回迁至原址。"

在他有条不紊的安排和设计下，红楼的平移平稳推进，按照计划，"行走"到了指定位置。

建造于 1900 年的老市政大楼院内红楼往返平移共 64 米

▶ 独当一面的那一刻，头发白了

项目一个接一个，如今的尹天军早已驾轻就熟，很多普通的项目，在他看来都是"常规操作"。

可说起自己负责的第一个项目，让他至今仍感到有些胆战心惊。

那是北京英国使馆旧址平移工程，是尹天军独立负责的第一个项目。"压力很大！"对这个项目，他就说了这么四个字。

事实上，他所言非虚。从设备调试，计算机控制到现场指挥，所有的环节，都要他亲自关心。那半年时间，为了第一时间了解现场的情况，他每天就住在旧址的2楼。

一天晚上，当他结束了一天的工作回到屋子，发现自己的床上有一些白灰。这是从墙顶上剥落的石灰，说明屋子有过震动。不行！要立即停下来。

来不及等到第二天，他就连夜召集几位负责人，一起制定新的方案。经过设备的检查，最终发现在计算机控制的环节，左右两边出现了不对称的情况。"如果继续这样按照原来的计划进行操作，会引起更大的晃动。"在当时，如果停下工程检修设备，可能会导致工程延误，时间上已经不允许了。

尹天军挠了挠头，找来了大家伙儿一起在工地上开了紧急会议。大家集思广益，最终还是决定采用传统方法和计算机技术一起操作的方式。每平移一小段距离，就通过人工进行测量，确保每一段都是平稳运行，精准无误。就这样小心翼翼地，使馆旧址慢慢挪到了指定位置。

技术上的问题，尹天军要指挥，设备上的操作，尹天军也要考虑。这个项目做了大半年，一头黑发风尘仆仆去往北京的尹天军，回来时候，头发竟白了一片。

他说，那些日子，每天感觉都在重压之下，生怕出一点点问题。晚上睡不着，就绕着天安门广场转一圈，尽可能地舒缓自己的压力。

压力，也是动力，激励着他不断刻苦钻研，尽可能地把风险降到最低。

53.7米高的吴忠宾馆，坐落于吴忠市新生街，因为城市总体规划需要，2003年11月，经吴忠市委、市政府决定，吴忠宾馆要向西平移82.5米。

作为项目技术负责人的尹天军，又一次迎来大考。吴忠宾馆在当时是世界平移史上最高、最重、移动距离最长的大楼，为此，施工方多次请专家进行论证。进驻工地后，尹天军立即组织大家做精心的准备和施工前相关数据测算工作。在整个大楼平移工作中，技术人员先后采用了7项关键技术，对大楼先进行了加固，然后从底部把大楼和原基础割开，并把42根支柱浇注连接起来，对大楼实施基础拖换。

施工人员共修了五条钢筋混凝土滑道，用于整个大楼的"行走"。平移时，通过先进的液压悬浮式滑动方式，将切割下的大楼主体沿着五条钢筋混凝土滑道大约以每天5到6米的速度稳定推进，最终将大楼顺利平移到了预定位置。

高楼大厦也会"走路"了。在普通人眼中，这是件有意思的事，在尹天军看来，更多的是背后的一把辛酸泪。

"整个过程中，有很多安全系数需要考虑进去。"尹天军回忆说，当时大楼里有个电梯井，黑暗的环境下，工人因为操作困难，在需要找平的平面上没有找得很平。这一点点小小的误差，就导致了在平移的过程中，因为结构的凹凸不平产生挤压、碰撞。

平移正在进行的过程中，忽听得嘎嘣一声响。清脆的声音，那一瞬间在所有人耳畔回响。喧闹的工地一下子陷入死寂。大家都愣在原地，谁也没有说话。

尹天军吓坏了，心都提到了嗓子眼儿。他赶紧摆手示意停下。"仔细检查，每个地方都不要漏过。"经过现场的勘查，大楼的一根抱柱梁上出现了一道很大的裂缝。抱柱梁已经劈裂，一些碎石从高处落下，在地上砸出了响声。如果不及时纠正，连整个房子都有垮塌的风险。

"这就相当于房子的托盘坏了，那还怎么得了。"这一夜，尹天军在床上辗转反侧，难以入眠，他爬起来，点亮了房间的灯，掏出笔记本，反复研究着解决的方案。

第二天，大家讨论决定，将2米高的抱柱梁加固，再增加一个2米的抱柱梁。同时，又仔细检查了高低不平的位置，把所有的工作都精细地反复多次测量验证无误后，才继续实施平移。

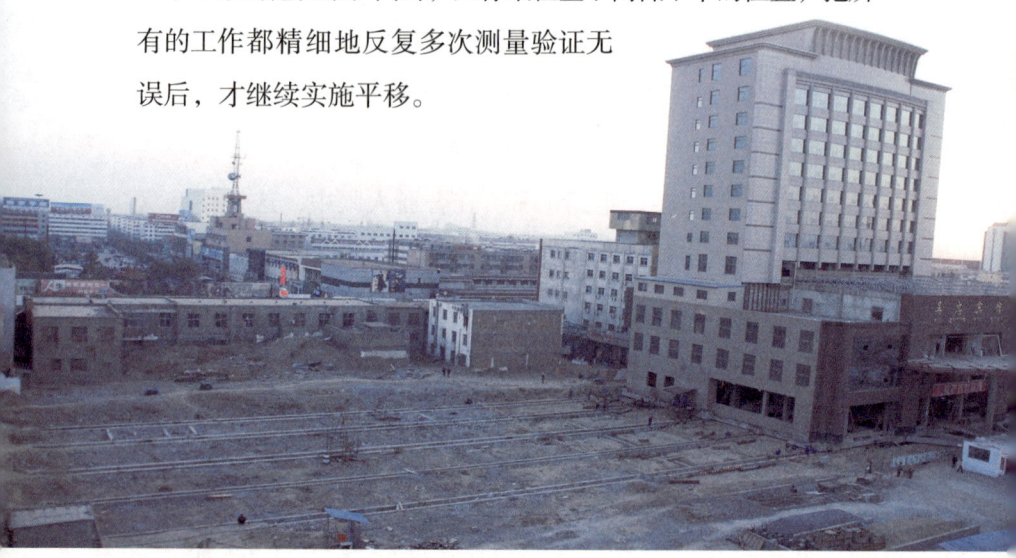

重达2万吨高53.7米的吴忠宾馆平移82.5米

最终，这栋 53.7 米高的庞然大物，平移了 82.5 米，顺利到达了预定位置。尹天军心中的大石终于落下。"不到最后一刻，谁也不知道会不会成功，哪怕再有把握，也很难完全心安。"

多年来，尹天军一直把平移工程比作火箭发射，前期准备工作做得再完备，不到点火发射成功升天的那一刻，心里总是不那么踏实。光鲜工程的背后，是他始终悬着的心，"我能做的，就是保证安全，再安全。"

▶ 平移的排头兵，顶升的先行者

2008 年，尹天军选择了和几位前同事一起，离职创业。他们为公司起名"先为"，意为"敢为天下先"。怀揣着对自身技术的无比信任和对美好未来的无限憧憬，他们说干就干。

对于当时年仅 30 岁的他来说，选择创业确实需要敢为人先的勇气。不仅如此，运营公司意味着需要花更多时间操心更多除了技术以外的事情。但同时，没有技术和创新，就没有订单、没有项目，唯有先行一步，方能立于不败之地。

说起创业这件事，尹天军坦言，自己在之前公司里的工作经历，帮助了他很多。"我明白了企业要如何保持良性运转，在发展过程中会遇到哪些问题，都要尽可能去避免。"他说，从他个人的角度出发，无论是在上海这座大城市生活的经济压力，还是个人自我价值的实现，都推动着他冲破束缚，迈出创业这一步。

当然，或许背后更深层次的原因在于，尹天军生来就是个不服输的人，不甘于做一个旁观者，他想要打开自己的一片天。

从最初的董事到之后的总经理，再到如今的总经理兼董事长，尹天军的每一步都走得脚踏实地。为了更好地发展企业，他也深刻总结了前人的经验教训，推行了一套完整的管理体系。现在，公司骨干人员的年收入都与公司的产值和效益匹配挂钩，所有难度较大的技术项目，他都亲自把关。

就这样，先为公司从刚成立时的十几个人，很快发展壮大为如今已经有上百人的团队。

尹天军明白，公司的运转，光有人还不够，最核心的是要有过硬的技术，不断创新、与时俱进的技术。

一次，在一个大型建筑平移项目的施工过程中，尹天军遇到了难题。工期时间短，平移距离长，用传统的轨道平移，工程进度将会十分紧张。有没有可能，进一步缩短工期，让房子走得再快点？晚上，尹天军在床上辗转反侧，久久不能入眠。

第二天，他找来众人，说出了一个大胆的想法。"既然沿着轨道走慢，我们能不能用车载着房子走？"这一番话说得大家都十分吃惊。这个很有创意的想法，打开了大家的思路，让同事们都很想一起尝试一番。

就在这样的理念下，平移SPMT液压平板车应运而生。将建筑物顶升到一定的高度，通过车辆装载上建筑物，就像拉货一样，平移变得更快，更准，更方便。深圳龙华新区观澜镇松

静安安康苑 24 号地块永庆里 5 栋历史建筑车载往返平移共 2088 米

元厦社区碉楼群，是国内第一例采用 SPMT 液压车模块车载平移的保护建筑。四座碉楼是深圳市保护文物，合计平移距离达到了 687 米。

2013 年，上海迪士尼主配电房，在短短 2 小时内平移了 85 米，就位偏差仅仅为 5 毫米，创下了一个不大不小的奇迹。这是沪上首例采用 SPMT 液压车模块车载平移的建筑物，为上海迪士尼的建设加速提效。

同年，先为公司又承接了山西大同展览馆的平移旋转工程，该工程是国内最大体量的建筑物平移工程，重达 5.8 万吨，由于该房屋体量太大太重，尹天军和团队成员经过反复研究讨论后，决定在房屋变形缝的位置将其分成三个部分分别进行平移。

八皖来风 沪上徽商访谈录

因为房屋年代久远，对其分体难度非常大。第一次分体平移是在冬天。冷冽的冬日里，室外气温低于零摄氏度，口中哈出的气都飘着白雾。平移滑道上的油，被冻住了，牢牢粘在了滑道上。摩擦力的突然变大，让建筑物平移时出现了明显的连续停顿，房屋也随之微微晃动。这样的场景，在以往的工程中，从未遇到过。

"停！"尹天军的一声大喊，震住了工地上几百名工人。厚厚的棉衣里，大家都不禁一哆嗦。尹天军事后回忆说，他当时自己也是蒙的，就想着赶紧停下来确保后续的施工能够平稳顺利。经过紧急的调试，尹天军和他的团队把PLC平移程序反复修改并逐步缓慢启动，终于解决了平移时的晃动问题。之后，又通过PLC平移旋转合拢程序，房屋在平移旋转后准确合龙。

重达5.8万吨的大同展览馆整体平移270米并旋转90度

建筑物可以被抬升后水平横移，那么液压千斤顶可以在垂直方向发挥更大的作用吗？尹天军又开始了他的奇思妙想。

"在我国，水系十分发达，但是水运能力却有明显的欠缺，运能严重不足。很大的一个原因，就是我们的内河航道受制于桥梁净空高度的不足，有些区域只能过几百吨的船，这大大缩减了航运的运力。如果我们应用类似的技术，将老桥顶升个几米，通航能力将会大幅提升。"

然而，桥梁顶升要比房屋平移更困难，要求更高。"传统的液压顶升后，如果建筑物平移工程出现问题，可以及时停下来检查，不会有太大的风险。相比之下，桥梁顶升的过程中，一旦出现问题，桥梁支撑不住，就会有塌桥的风险。"这给尹天军带来极大的挑战和考验。

2010年，黄浦江上游横潦泾大桥整体顶升工程落地，这个桥不论是顶升的重量还是跨径长度都在当时创造了新的纪录。

没有任何案例可以参考，任何细小的失误都可能造成不可挽回的后果。尹天军很担心，虽然整个顶升方案经过了反复的测试论证，但是真到了实战阶段，仍心有不安。

为了实现顶升时桥梁的保护措施绝对安全，尹天军又开始了他的发明创造。能不能造一个带螺纹的机械跟随顶，对桥梁上部结构进行保护，这样即使出现意外，还有一套保护装置可以保证桥梁的绝对安全。

这样的创造性想法，让尹天军十分兴奋。他把自己关在办公室里，仔细研究机械原理，推演出详细的参数和产品构造。一切的理论构想总是理想化的，他也深知，即便是有了模型，也未必能真正造出成品。

他找到了合作的工厂，把自己的构想和盘托出。那些天，他只要一有时间，就往工厂跑，每一个细小参数的设定，都要反复确认。不久之后，一台跟随顶的样品，终于出厂。

尹天军第一时间将产品拉到了同济大学的结构实验室做实验。没想到，这一实验，让他倒吸了一口凉气。"之前计算好的参数，用几千吨的压机进行受力实验后，发现还是存在问题，不仅如此，单独使用状态下正常运转的跟随顶，到了设备匹配环节，又出现了很多链接困难。"他庆幸没有把这种新装置直接用到工程上，否则可能会引发重大的安全事故。

实验失败，产品又被运回了工厂返工。为了保证安全，他又反反复复地进行调试，实验。"就像是在研发一款新药，走向临床前要反复地做实验。一遍又一遍，因为和新药一样，我们的产品是只许成功，不能失败的。"

在没有先例的情况下，尹天军最终打磨出了这款跟随顶。临问世前，他又把产品拿到了高架的引桥上做了实验，总算是达到了预期效果，那一刻，他长舒了一口气，长时间的等待，终于等来了开花结果的那天。

如今，先为公司每年要承接大大小小近20个建筑物平移、桥梁顶升的工程。其中，几乎每年都有前无古人的大项目。尹天军坚持每个项目自己都要参会过一遍，遇到重大工程，事必

总重达 2.4 万吨跨黄浦江上游的横潦泾大桥整体顶升 1.58 米

躬亲，自己出方案、自己把关。他戏称自己除了董事长、总经理，还是先为公司的总工程师。因为他明白，没人可以依靠，只有靠自己。

  昆山江浦路吴淞江大桥，是国内第一座顶升的斜拉桥。从来没有人顶起过，甚至从来没有人敢顶这样的桥。尹天军义无反顾地接下这个工程，他说，别人做不了的，他一定要做到。

  走到现场，技术人员仔细勘查后纷纷摇头，悻悻地踱步回会议室，嘴里还念念有词。"这座桥的主墩没办法直接顶升，墩子和上部的连续梁及塔固结成了一个整体，根本没地方可以顶。不可能、不可能。"大家嘀嘀咕咕地坐下，等着尹天军来说说他的想法。

  没过多久，尹天军大步流星地走了进来，"我有一个想法。"他开门见山。铺开图纸，他一边比划着一边说，"我们可以在主桥墩的肚子里掏洞，穿上钢梁，然后把钢梁顶起来。"

"这能行吗？"现场一片哗然。大家都觉得，这像是"天方夜谭"。但随着深入的探讨，尹天军详细地分析了方案的可行性，现场的每一个工程人员都仔细地听着，好像是在一片黑暗中，找到了那一丝光明。

经过反复地推敲论证，最终，大桥的"肚子"里，被开了30个洞。通过桥梁托换技术，这座重达4.3万吨的桥，竟真的被顶起了1.87米，满足了三级航道的通航要求。

工程进行到关键时刻，时任公司董事长、总经理尹天军放下了手头繁忙的公务，连续10天都住在工地里，与现场人员同吃同住。第一时间掌握工程的进度，及时完成现场指挥。240多个小时，只要有需要，他随叫随到，那一刻，他仿佛又回到了当年做项目经理时的状态，紧张、忐忑，又满怀自信，因为他知道，只要他在，就能给现场所有人带来信心和安心。

总重达4.3万吨的矮塔斜拉桥昆山吴淞江大桥整体顶升1.87米

乾坤大挪移，升起新世界

国内首座斜拉桥的顶升，尹天军让别人眼里的"不可能"成为"可能"。他用持续不断的发明与创新，让一个又一个奇迹发生在眼前。

▶ **新时代徽商不仅要吃苦，还要敢想敢做**

来上海 21 年，尹天军坦言，有过太多次想要放弃。"压力很大，很多个夜晚在失眠中度过，每个项目，都是完全不同的。普通大众看的是热闹，对文化历史建筑保护的好奇，对桥梁顶升技术的兴趣。但于我而言，就是诚惶诚恐地等待着项目最终完成的那一刻，心中的大石才算落地。"

计算、建模、微模型节点实验，哪怕反反复复的计算都没问题，心里还是惴惴不安。经历过无数次这样的状态，尹天军最后还是选择了坚持，哪怕在最困难的时候，他也没有放弃。每次，他都默默告诉自己，只有在这个行当里长期扎下根来，才会出成果、才会成功。

努力，终有回报。现在的尹天军，已经不再满足于普通的平移顶升项目，他有一个更远大的梦想，有朝一日能够完成南京长江大桥的顶升。

这座 20 世纪 60 年代建造的雄伟大桥，记录了一段悠久的历史，在当时来看，可谓是波澜壮阔的庞然大物，然而时至今日，净空只有 24 米的南京长江大桥，却被时代的脚步抛在了身后。

随着现代造船业的迅猛发展，货船的吨位大幅提高，船的高度也相应增加。但由于南京长江大桥净空高度只有24米，即使在能保证吃水深度的丰水期，也只能通过3000吨级的船舶，因此中上游芜湖、安庆、九江、武汉、重庆等地相继建成的几十座5000吨级港口，极少有外轮停泊，这些码头只能晒太阳、沐风雨。有专家直言，南京长江大桥"已成为束缚长江黄金水道开发的最大瓶颈"。

顶升南京长江大桥，是尹天军提出的最佳方案。甚至他已经连顶升的方案都在脑海中过了很多遍。"可以先建设新的铁轨，确保铁路的正常运行，然后再把桥梁顶升起来。工程完成后，从三峡大坝到南京，长江运能打开了，长江的上游经济将会迎来重大的突破。"

他始终认为，长江经济带的运能目前并没有完全发挥出优势。2000年以后新建的桥，跨径有的甚至达到了1公里，这相比于以前跨径仅160米的老桥，要长出不少，跨径一长，桥墩一高，桥的高度也就自然不用担忧了。但目前，长江上依旧有近十座老桥，净空高度相对不足，阻碍了通航的能级。"如果能够把这些桥顶升起来，整个长江航运的运能将提升数倍甚至数十倍。"

一个人的力量虽然微不足道，但尹天军一直在朝着自己的梦想努力。"我想，我这一辈子就做这么一件事。在城市更新中，保护我们的历史建筑、红色建筑，在经济发展中，让老桥在新时代焕发出新活力。"

在上海，尹天军结识了不少安徽老乡。安徽人为什么会在上海取得成功？尹天军认为，吃苦耐劳的"徽骆驼"精神，是每一个安徽人身上的独有特质。他说，安徽人吃苦耐劳，肯动脑筋，愿意付出。

在工作初期以及创业初期，尹天军自己在工地上住过很长时间。做过技术员、设计负责人、项目经理等多种岗位，那些没有周末的日子，他总是一头钻进屋子，掏出笔记本和图纸，反复测算、研究。那本斑驳的笔记本里记得密密麻麻的数字，只有他自己认得，却成了最珍贵的收藏。工地的条件比较艰苦，有时候甚至连个洗澡的地方都没有，炎热的夏天，他冒着满头的汗水，在床上辗转反侧，为了一个方案的细节不能入眠。"我是来自农村的孩子，我知道，只有吃得苦中苦，方能成为人上人。"

时代发展至今，徽商精神已经不仅仅局限在吃苦耐劳上了，新徽商，还需要有敢想敢做，敢拼敢赢的心态，用高科技来支撑发展，用持续创新来加持梦想。

对尹天军来说，每个工程都是不同的挑战，唯有创新，才能出奇制胜。从最初的小桥到黄浦江上的大桥、再到斜拉桥；从传统的液压顶升到后来研发SPMT液压车模块车载平移。在建筑物平移和桥梁顶升这个领域，有太多太多没有前人和先例的项目，他总说这是上天赐给他的机会。因为，他可以依靠探索和创新，在这个领域不断创造和刷新工程的新纪录。

在尹天军位于李子园的办公室里，挂着一幅硕大的"敢为天下先"的横匾。办公桌背后，是一排排摆放得密密麻麻的

尹天军领取第十八届中国土木工程詹天佑奖

奖状和奖杯。

中国土木工程詹天佑奖，上海市科技进步一等奖、二等奖，华夏建设科学技术一等奖，中国公路学会科学技术一等奖……除了一系列的奖项，尹天军的"乾坤大挪移"还吸引了不少主流媒体的持续关注，央视等媒体先后对他进行了专访。这些，都是尹天军头上的光环，更是他不断前进的动力源泉，鞭策着他永不停步。

2021年，长三角一体化上升为国家战略已经三周年了。海量的机遇正在涌现。尹天军和他的先为公司，正在计划着为长三角一体化的发展提供更多的帮助。"这些年，上海城市

更新工程里的平移项目大部分是由我们来做，我们想通过自己的力量，解决城市更新与老旧建筑的保护更新的矛盾，助推城市高质量发展；在浙江、江苏也还有许多桥梁顶升的工程等待着我们完成；相比之下，反而是我们老家安徽的项目少了些，希望今后能把我们的

尹天军获上海市科技进步一等奖

技术、理念更多地带回家乡，造福更多家乡人民和长三角地区人民，推动共同富裕，共同发展。"

展望未来，城市发展的脚步不会停歇，经济前行的力量奔腾汹涌，尹天军和他的先为公司，也在不停奔跑着，擦亮着徽商新名片。

尹天军的微信名叫"乾坤大挪移"，用这五个字形容他的故事，恰到好处。21年前，他在上海起步，从零开始，21年后，他用平移保护着城市的文脉，用顶升助推着经济的腾飞。

未来已来，乾坤大挪移的故事，仍在继续。

后 记

　　每一个追梦人都了不起，在新时代新征程上留下了无悔的奋斗足迹。本书通过 8 篇徽商企业家的访谈，讲述了他们心怀梦想和感恩之念的心路历程，真实地记录了他们用汗水和智慧在大上海书写了一个又一个催人奋进的徽商传奇，展示了新时代新徽商以实现中华民族伟大复兴为己任，传承了"无徽不成镇"的辉煌，发扬了"无徽不成商"的美誉，彰显了徽商企业家的实业报国和社会担当。

　　洪清华，上海市政协委员，获"第六届上海市优秀中国特色社会主义事业建设者"、"上海市领军人才"、"2017 年中国经济十大影响力人物"、"新时代新徽商 2020 年度十大人物"等诸多殊荣，面对疫情，他用责任和担当率"徽骆驼"出征，温暖了一座城，为学为商为文为旅为人，皆为传奇，各大主媒深度报道；徐章来是百炼成钢被命运眷顾的追梦人，从叛逆学生到优秀毕业生，又只身闯荡大上海，几经周折，涅槃重生，迎来亮剑，在助力经济高质量发展中担当作为，为"肯汀"加快融入长三角区域一体化建设贡献智慧和力量；马林，上海市长宁区人大代表，一个为国为家为爱的儒商，在服役中央警卫团时负责邓小平同志住地和外出随身警卫，获"神枪手"称号，也是下海从商的神枪手，坚信文化兴国运兴，文化强民族强，

后 记

为促进两岸国画艺术交流和建设文化强国添砖加瓦；高逸峰是中国励志达人，曾是央视春晚歌手、曾是众人企慕的千万富翁，在一夜之间身无分文，身负巨债，从云端跌入深渊，却又不屈地奋起，一首《从头再来》被全国观众熟知，红遍大江南北；许鹏飞，10年寒窗苦读、10年军旅熔炉、10年法官锤炼，自立自强奋斗，脚踏实地追梦，无愧"一中天平奖"、"军转办案楷模"、"法院嘉奖"等荣誉，如今驰骋商海，一路追梦、一路赶考，在构建和谐健康的法治社会和中国式现代化道路上主动作为；徐海进，从多舛的童年中立志挣钱脱贫，一路艰辛、一路奋发、一路奔跑、一路从善，从"农民工"到"企业家"，默默奉献，不求回报，名副其实的"庐江好人"、"慈善之星"；张少典，以奋斗姿态激扬青春、不负时代不负年华，从中考、高考免费保送到读博一路学霸，曾入选福布斯亚洲30位30岁以下杰出青年，及胡润中国30位30岁以下创业领袖，从海外归来后满腔热血助力公立医院高质量发展和公卫体系建设；尹天军是"敢为天下先"的"天方夜谭"，曾创下了世界重量最重、面积最大的建筑物平移旋转纪录，也保持着世界最大跨径、最大吨位桥梁的顶升纪录，无愧"中国土木工程詹天佑"奖和"世界第一记录"等荣誉称号。

习近平总书记指出：优秀企业家必须对国家、对民族怀有崇高使命感和强烈责任感，把企业发展同国家繁荣、民族兴盛、人民幸福紧密结合在一起，主动为国担当、为国分忧，正所谓"利于国者爱之，害于国者恶之。"（这段话出自2020年

7月21日习近平总书记主持召开企业家座谈会时的讲话）

  我认为这也是新徽商在推进中国式现代化道路上所承担的使命和担当。未来将继续续写徽商人物的时代风采，把徽商的印记镌刻在时代的长空，为丰富完善徽商典籍宝库服务。

李善敏

2023年1月